TIERE DER NACHT

Bibliografische Information der Deutschen Nationalbibliothek:

Die Deutsche Nationalbibliothek verzeichnet diese Publikation
in der Deutschen Nationalbibliografie.
Detaillierte bibliografische Daten sind im Internet
über **http://dnb.d-nb.de** abrufbar.

1 2 3   C B A

2015 Ravensburger Buchverlag Otto Maier GmbH
Postfach 1860, 88188 Ravensburg

Titel der Originalausgabe: Creatures of the Night
Text, Design, Illustration © Marshall Editions 2014
A Quarto Group company
The Old Brewery, 6 Blundell Street, London, N7 9BH

Deutsche Ausgabe
Übersetzung aus dem Englischen: Dr. habil. Wolfgang Hensel

ISBN 978-3-473-55231-3

www.ravensburger.de

TIERE DER NACHT

Ravensburger Buchverlag

INHALT

LEBEN IM DUNKELN 6

DER WOLF 8

WÖLFE UND HUNDE 10

DER WÜNSTENFUCHS 12

FÜCHSE 14

DER HONIGDACHS 16

MARDER 18

DER LEOPARD 20

GROSSKATZEN 22

SCHUPPENTIERE 24

INSEKTENFRESSER 26

VAMPIRFLEDERMÄUSE 28

FLEDERMÄUSE 30

DAS FINGERTIER 32

LEMUREN 34

DER WOMBAT 36

BEUTELTIERE 38

DER ROTAUGENLAUBFROSCH 40

AMPHIBIEN 42

DER GAVIAL 44

KROKODILE 46

DIE SCHLEIEREULE 48

EULEN 50

DER GROSSE LEUCHTKÄFER 52

GLÜHWÜRMCHEN 54

DER FEDERLEUCHTKÄFER 56

KÄFER 58

TRAUERMÜCKEN 60

HÖHLENTIERE 62

EULENFALTER 64

NACHTFALTER 66

DER HAARIGE WÜSTENSKORPION 68

SPINNENTIERE 70

WOLFSSPINNEN 72

SPINNEN 74

GLOSSAR 76

REGISTER 78

BILDNACHWEISE 80

LEBEN IM DUNKELN

Manche Tiere wagen sich erst aus ihren Verstecken, wenn es dunkel wird. Viele dieser Nachttiere haben besonders scharfe Sinne, um in der Dunkelheit Nahrung oder einen Partner zu finden und nicht zuletzt um Feinde rechtzeitig zu entdecken und zu flüchten.

HÖREN

Nachttiere haben sehr gute Ohren. Sie hören, wenn sich andere Tiere bewegen. Schlangen hören zwar extrem schlecht, spüren aber die Vibrationen, die sich vom Boden auf ihre Knochen übertragen.

SEHEN IN DER NACHT

Die riesigen Augen der Busch-babys sind mit einer Schicht ausgekleidet (Tapetum), die das Licht reflektiert. Auch Katzen und andere nachtaktive Tiere haben Licht reflektierende Augen.

Buschbabys brauchen bei ihrer nächt-lichen Jagd auf Käfer gute Augen.

Greifschwanz
Lanzenottern lauern ihrer Beute in Bäumen auf. Sie wickeln ihren Schwanz um einen Ast, um Halt zu haben.

Wärmesinn
Zwei Gruben zwischen Augen und Nasenlöchern spüren die Wärme von Tieren.

Schuppen
Diese Lanzenotter hat gelbe Schuppen. Ihre Verwandten sind grün, braun oder sogar rosa gefärbt.

Züngeln
Durch ständiges Züngeln fangen Schlangen Duftsignale aus der Luft auf.

Grillen zirpen, indem sie die Flügel aneinander reiben.

Beim Kiwi sitzen die Nasenlöcher an der Spitze ihres empfindlichen Schnabels.

NÄCHTLICHE GERÄUSCHE

Meistens verhalten sich Nachttiere ruhig, um keine Raubtiere auf sich aufmerksam zu machen. Sie rufen nur laut, wenn sie einen Partner suchen oder Rivalen vertreiben wollen.

RIECHEN IM DUNKELN

Die nachtaktiven Kiwis leben in Neuseeland. Sie können schlecht sehen, haben aber den besten Geruchssinn aller Vögel. Kiwis erschnüffeln ihre Beute und scheuchen sie auf, indem sie mit ihrem langen Schnabel auf den Boden klopfen.

Leise Gleiter
Mit ihrem langen Körper gleiten Schlangen mühelos über Äste oder den Boden. Wenn sie eine Beute entdecken, schlagen sie lautlos zu.

Versteckte Augen
Die Schuppen über den Augen dieser Lanzenotter sehen aus wie Wimpern. Sie dienen der Tarnung, weil sie die glatte Form der Schlange unterbrechen, wenn sie sich im Laub versteckt.

⊕ WÄRMESINN

Mit Sensoren in den Gruben am Kopf nehmen Lanzenottern die Körperwärme von nahen Beutetieren und Feinden wahr. Sie erkennen an der Wärme, wie weit ein Tier entfernt ist und wohin es sich bewegt. Dann stößt die Schlange zu und schlägt ihre Giftzähne in die Beute.

DER WOLF

Wölfe oder Grauwölfe sind die größten wild lebenden Mitglieder der Hundefamilie. Sie kommen auf der Nordhalbkugel in Nordamerika, Europa und Asien vor. Wölfe leben in Rudeln. Das sind Familienverbände, die von einem Leitwolf und einer Leitwölfin angeführt werden.

FLEISCHFRESSER

Wölfe sind Raubtiere, die im Rudel Jagd auf große Tiere machen, wie Hirsche, Bisons und Elche. Einzelgänger suchen nach kleineren Tieren wie Biber, Kaninchen und sogar Mäusen.

Auf Fischfang
Manchmal versuchen hungrige Wölfe, einen nahrhaften Fisch zu fangen.

WOLFSGEHEUL

Wölfe heulen, wenn sie einen Partner suchen, um fremde Rudel zu warnen oder um anderen Rudelmitgliedern etwas mitzuteilen. Manchmal heulen Wölfe stundenlang.

Wolfsgeheul ist 10 km weit zu hören.

Fell
Sein dickes, zottiges Fell hält den Wolf auch in langen, kalten Wintern warm.

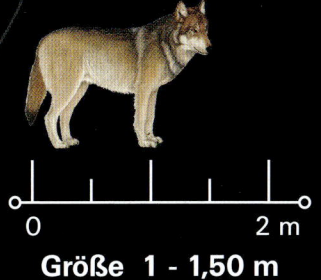

Größe 1 - 1,50 m

WILDE HAUSTIERE

Alle Haushunde der Welt stammen vom Wolf ab. Früher lebten diese Nachtjäger in vielen Ländern der Erde. Heute meiden sie die Menschen und halten sich meist in Wäldern oder im Gebirge auf.

Ohren
Wölfe können ihre Ohren drehen und so Geräusche aus allen Richtungen aufnehmen.

Wolfsrudel sind unterschiedlich groß, sie können aus zwei bis 15 Wölfen bestehen.

Schnauze
Alle Mitglieder der Hundefamilie haben eine lange Schnauze. In ihr befinden sich zahlreiche Riechzellen.

WOLFSRUDEL

Wölfe ziehen im Rudel umher; sie schlafen, fressen und jagen gemeinsam. Alle Rudelmitglieder sind miteinander verwandt, doch nur das Leitpaar bekommt Junge.

AUF DER JAGD

Wölfe spüren ihre Beute mit dem Geruchssinn auf und verfolgen eine Tierspur gemeinsam. Im Rudel nehmen sie es auch mit größeren Tieren wie Rentieren auf. Die beiden Leitwölfe fressen zuerst. Erst wenn sie satt sind, bekommen die übrigen Rudelmitglieder ihren Anteil an der Beute.

STECKBRIEF

NAHRUNG
Große Säugetiere

LEBENSRAUM
Wälder, Steppen und Tundra

WÖLFE UND HUNDE

Alle Mitglieder der Hundefamilie sind Fleischfresser. Sie gehen wie viele Raubtiere nachts auf die Jagd und spüren ihre Beute mit ihrer feinen Nase auf. Zur Hundefamilie gehören Hunde, Wölfe, Kojoten, Schakale und Füchse. Es sind kräftige Tiere, die ihre Beute wenn nötig auch kilometerweit verfolgen.

Das dichte Fell ist rötlichbraun.

Lange Beine
Mähnenwölfe haben wie die meisten Hunde lange Beine und buschige Schwänze. Dank der langen Beine können sie über hohes Gras spähen.

DER ROTHUND

Die asiatischen Rothunde haben einen dunkel gefärbten Schwanz und kurze Beine. Sie leben und jagen gemeinsam. Die Mitglieder eines Rudels kümmern sich gemeinsam um die Jungen. Im Gegensatz zu den meisten Wildhunden können Rothunde mit dem Schwanz wedeln.

DER MÄHNENWOLF

Mähnenwölfe sind sehr intelligent und neugierig. Sie leben in der Pampa von Südamerika und dösen während der Hitze des Tages im Schatten von Pflanzen. Wenn die Sonne untergeht, gehen sie auf die Jagd.

⊕ EINZELGÄNGER

Mähnenwölfe bilden keine Rudel, sondern leben allein oder mit einem Partner. Sie verlassen nur selten ihr Revier, das sie gegen andere Mähnenwölfe verteidigen. Zur Kost dieser Fleischfresser zählen auch Insekten, Früchte und Wurzeln.

Der Schakal streckt sich und fletscht die Zähne, um einen Angreifer zu vertreiben.

SCHAKALE

In Afrika kommen mindestens drei Schakalarten vor. Sie leben und jagen in Wüsten kleine Säugetiere, Vögel, Eidechsen und Schlangen. Schakale leben als Paare oder im Rudel.

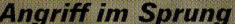

Größe vortäuschen
Wenn der Mähnenwolf seine dunklen Nackenhaare zu einer Mähne aufstellt, erscheint er größer, als er tatsächlich ist.

Angriff im Sprung
Während viele Hunde ihre Beute hetzen, greifen Mähnenwölfe und Kojoten kleine Beutetiere im Sprung an und beißen sie tot.

DER AFRIKANISCHE WILDHUND

Ein Rudel afrikanischer Wildhunde kann sogar große Tiere wie Zebras oder Antilopen erbeuten. Es sind furchtlose Räuber, die am hellichten Tag jagen. Bei Vollmond gehen sie auch nachts auf die Jagd.

Wegen ihres fleckigen Fells wurden Wildhunde früher „Hyänenhunde" genannt.

DER WÜSTENFUCHS

Wüstenfüchse oder Fenneks sind nicht nur die kleinsten Füchse, sondern auch die kleinsten Mitglieder der Hundefamilie. Sie leben in der Sahara, einem der heißesten Orte der Erde mit Tagestemperaturen von bis zu 50° C. Viele Wüstentiere sind daher nachtaktiv und schlafen während der Hitze des Tages.

STECKBRIEF

NAHRUNG
Früchte, Samen, Eier, Insekten und Eidechsen

LEBENSRAUM
Wüsten und heiße, trockene Gebirge

WOHNHÖHLEN

Wüstenfüchse graben sich eine Erdhöhle, in der sie Schutz vor der brennenden afrikanischen Sonne finden. In solchen Höhlen ziehen sie auch ihre Jungen groß.

Wüstenfüchse bleiben in der Höhle, bis die Sonne untergeht.

RIESIGE OHREN

Die kleinen Wüstenfüchse haben riesige Ohren und können unglaublich gut hören. Sie lauschen auf die Geräusche von unterirdisch lebenden Tieren. Fenneks hören sogar Käfer, die sich durch die Erde wühlen. Sobald sie ein Tier hören, graben sie es aus dem Sand aus.

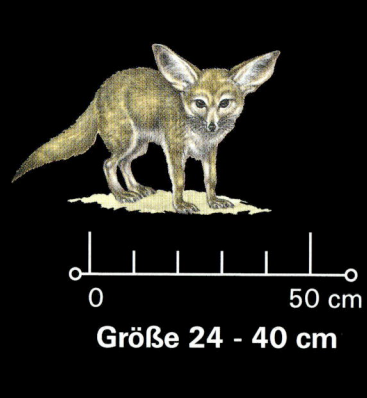

0   50 cm

Größe 24 - 40 cm

JUNGTIERE

Die Welpen kommen blind und hilflos zur Welt. Nach zwei Wochen öffnen sie die Augen und ein paar Wochen später spielen sie schon miteinander.

Nach fünf Wochen wagen sich die kleinen Fenneks aus der Höhle heraus.

Große Ohren
Die Ohren eines Fenneks sind 10-15 cm lang. Sein Körper ist kleiner als der einer Hauskatze.

Nachtsicht
Eine besondere Schicht (Tapetum) in den Augen reflektiert das Licht: Fenneks können so auch in der Nacht sehen.

Das sandfarbene Fell ist eine gute Tarnung.

WÜSTENNAHRUNG

Wüstenfüchse fressen alles, was sie finden: Früchte, Samen, Eier und kleine Tiere. Sie erjagen Eidechsen, Insekten und andere schnelle Tiere, indem sie sich anschleichen und dann blitzschnell zupacken.

LEBEN IN DER WÜSTE

Fenneks sind an das Leben in der Wüste angepasst und kommen tagelang ohne Wasser aus. Ihre großen Ohren sind wie bei Elefanten eine „Klimaanlage": Große Ohren geben mehr Wärme ab als kleine.

Hitzeschutz
Pfoten und Sohlen des Wüstenfuchses sind mit flauschigem Fell besetzt. Es schützt die Haut vor dem heißen Wüstensand.

FÜCHSE

Füchse gehören zur Hundefamilie, haben aber meist längere, schlankere Schnauzen als die übrigen Hunde. Außerdem sind die meisten Füchse kleiner als andere Hundearten und haben buschige Schwänze. Sie kommen auf der ganzen Erde vor, sind aber scheu und meiden die Menschen.

Wenn keine Menschen in der Nähe sind, jagen Pampasfüchse auch am Tag.

DER PAMPASFUCHS

Die südamerikanische Grassavanne wird Pampa genannt. Pampasfüchse verstecken sich tagsüber in Höhlen, die sie mit Stoff und anderen Fundstücken „verschönern".

DER ROTFUCHS

Der Rotfuchs ist die erfolgreichste Fuchsart. Er ist sehr anpassungsfähig, frisst fast alles und jagt am Tag und in der Nacht.

Sein Fell kann orangerot bis tiefbraun, grau oder sogar schwarz gefärbt sein.

⊕ GUT GETARNT IM WINTER

Das Fell des Polarfuchses färbt sich im Winter weiß – damit ist er im Schnee kaum zu sehen. Polarfüchse jagen vor allem die kleinen, pelzigen Lemminge, fressen aber fast alles, was sie finden können, sogar tote Tiere.

ÜBERLEBEN IN DER KÄLTE

Das Leben in der Arktis ist hart. Als Schutz gegen die Kälte sind die Pfoten des Fuchses besonders gut durchblutet und mit Fell besetzt. Fuchsbabys werden im Sommer geboren, wenn es mehr Nahrung gibt. Beide Eltern kümmern sich um die Jungen.

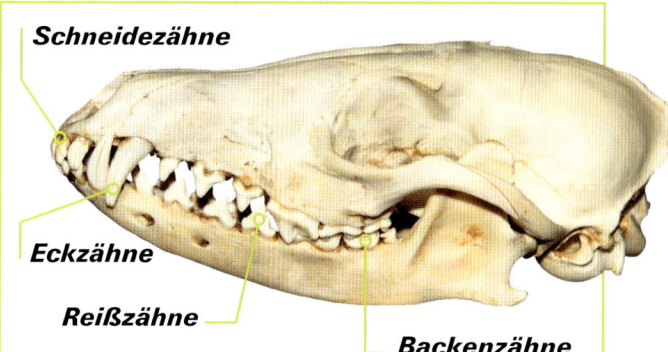

Schneidezähne

Eckzähne

Reißzähne

Backenzähne

Kleiner Wuchs
Polarfüchse haben kurze Beine und kleine Köpfe und Ohren. So geht nur wenig Körperwärme verloren.

FUCHSSCHÄDEL

Fuchs- und Hundezähne sind an unterschiedliche Aufgaben angepasst: Die Schneidezähne beißen Stücke ab, während sich die Eckzähne (Fangzähne) wie Dolche in ein Opfer bohren. Die Backenzähne zermahlen Knochen und Pflanzen, die Reißzähne schneiden Fleisch wie eine Schere.

Weißes Fell
Das Winterfell der Polarfüchse ist weiß und besonders dicht. Die Luftpolster darin isolieren den Körper vor Kälte. Viele Polarfüchse haben aber dunkleres, blaugraues Fell.

Nach dem Winter wächst dem Polarfuchs ein Sommerfell aus kürzeren, bräunlichen Haaren. Damit ist er besser zwischen den Pflanzen getarnt.

DER HONIGDACHS

Schultern
Die breiten Schultern und die Brust sind muskelbepackt.

Honigdachse haben einen kräftigen, muskulösen Körper und riesige Krallen zum Graben. Sie jagen und fressen Tiere, doch besonders gern mögen sie Bienen und ihren Honig. Die räuberischen Honigdachse gehören zur Marderfamilie.

DACHSSCHÄDEL

Der Kopf des Honigdachses ist klein im Verhältnis zum Körper; mit seinem Kiefer kann er aber kraftvoll zubeißen.

Riesige Eckzähne packen die Beute

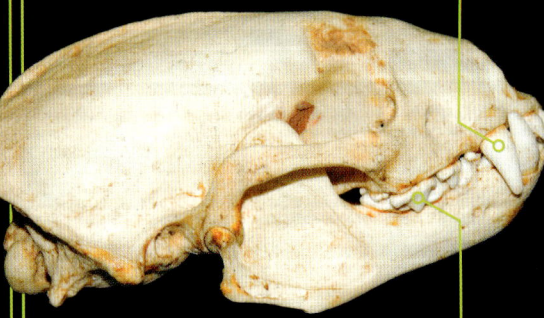

Reißzähne zerschneiden das Fleisch

Wie bei den Hunden sind auch Marderzähne an bestimmte Aufgaben angepasst.

0   100 cm

Größe 58-76 cm

Grabfüße
Der Honigdachs gräbt mit den Vorderfüßen. Sie sind größer als die Hinterfüße und haben größere Krallen.

⊕ VERTEIDIGUNG

Honigdachse schrecken mit ihren riesigen Zähnen und Krallen sogar Löwen und andere große Tiere ab. Außerdem sind sie resistent gegen Schlangengift: Ein gebissener Honigdachs fällt ins Koma, wacht aber wieder auf. Daher können sie sogar große Giftschlangen wie Kobras töten und fressen.

Honigdachse schlafen jede Nacht in einer anderen Höhle.

Dichtes Fell
Der „Umhang" vom Kopf bis zum Schwanz ist grauweiß gefärbt, das übrige Fell schwarz und dicht.

STECKBRIEF

NAHRUNG
Mäuse und kleine Säugetiere, aber auch Bienennester

LEBENSRAUM
Savannen, Wälder, Gebirge und Wüsten

KÖSTLICHER LECKERBISSEN

Honigdachse können hervorragend riechen – so finden sie die Bienennester. Die vielen Stiche der Bienen stören sie kaum.

HÖHLENVERSTECKE

Zum Schlafen graben sich Honigdachse eine eigene Höhle oder suchen nach unbenutzten Höhlen von Stachelschweinen und anderen Tieren. Im Sommer sind sie nachtaktiv, bei kühlem Wetter tagaktiv.

Der Bienenstock ist voller Waben, aus denen Honig tropft.

MARDER

Marder sind Säugetiere. Die Mitglieder dieser großen Familie kommen fast überall auf der Erde vor. Es sind Raubtiere mit langen Körpern und kurzen Beinen. Die meisten Marderarten haben einen kleinen Kopf mit kleinen Ohren. Die Riesenotter sind mit über 1,50 m Länge die größten Vertreter der Familie.

DER VIELFRASS

Vielfraße sind als furchtlose Kämpfer bekannt. Sie leben in den kalten Polargebieten, wo die Nahrung sehr knapp ist. Daher greifen sie jedes Beutetier an, dem sie begegnen.

Vielfraße können sogar einen Bären überwältigen.

Iltisfell
Der Iltis hat ein dunkles Fell mit einer hellen Färbung an Gesicht und Ohren.

DER DACHS

Die meisten Marder sind Einzelgänger, aber die Dachse leben in Familienclans. Sie graben unterirdische Höhlen aus miteinander verbundenen Gängen.

Dachse kleiden ihre Gänge mit trockenem Gras und Moos aus.

DER ILTIS

Iltisse leben in Wäldern und am Wasser. Ein weiblicher Iltis bringt in einem einzigen Wurf bis zu zehn Junge zur Welt. Iltisse gehen nachts auf die Jagd nach Mäusen, Ratten, Wühlmäusen, Fröschen und Kröten.

Lange Körper
Iltisse haben einen langen Körper. Wie die meisten Marder können sie schnell laufen, klettern und schwimmen.

LANGSCHWANZWIESEL

Langschwanzwiesel jagen Ratten und Mäuse. Sie töten ihre Beute mit einem sicheren Biss in den Hals. Sie sind nachtaktiv, jagen im Winter aber auch tagsüber.

Die in kalten Regionen lebenden Wiesel haben ein weißes Winterfell – eine gute Tarnung im Schnee.

KRÄFTIGER DUFT

Wenn Iltisse und andere Marder angegriffen werden, scheiden sie eine übel riechende Substanz aus. Der Duft ist so durchdringend, dass sogar Raubtiere wie Füchse die Flucht ergreifen!

DER LEOPARD

Leoparden gehören zu den erfolgreichsten Raubtieren der Erde. Sie kommen von Afrika bis Asien in unterschiedlichen Lebensräumen zurecht. Die scheuen Großkatzen pirschen sich nachts lautlos an ihre Opfer an.

⊕ GUTE JÄGER

Leoparden sind sehr anpassungsfähige Katzen. Sie sind meist nachtaktiv, nutzen aber jede Gelegenheit zur Jagd und spüren Beutetiere mit ihren scharfen Sinnen auf.

Schwanz
Beim Springen oder Klettern halten Leoparden mit ihrem langen Schwanz das Gleichgewicht.

PANTHER

Die meisten Leoparden haben ein helles Fell. Die dunklen Flecken unterscheiden sich in Farbe und Größe.

Leoparden mit sehr dunklem Fell werden auch schwarze Panther genannt.

Körper
Auf der Pirsch drücken Leoparden ihren Körper eng an den Boden. Sie sind schnell, leise und unsichtbar für ihre Beute.

⊕ VORRÄTE

Großkatzen müssen nicht jeden Tag jagen. Leoparden fressen von einer großen Beute nur so viel, bis sie satt sind. Den Rest schleppen sie auf einen Baum und kommen zurück, wenn sie wieder Hunger haben.

Flecken
Die Flecken verschleiern die Umrisse des Leoparden und tarnen ihn im Gebüsch.

Schneeleoparden haben ein wunderschönes, langes und sehr dichtes Fell.

DER SCHNEELEOPARD
Schneeleoparden leben in den kalten Hochgebirgen Asiens, wo sie Schafe, Hasen und Vögel jagen. Nur sehr wenige Menschen haben diese seltene und scheue Großkatze gesehen.

Augen
Mit seinen großen, nach vorn ausge- richteten Augen kann ein Leopard den Abstand zur Beute genau bestimmen.

Schnurrhaare
Mit den Schnurr- haaren tastet sich der Leopard im Dunkeln voran.

Pfoten
Leoparden schleichen lautlos auf dem samtweichen Fell ihrer großen Pfoten; dazwischen sitzen die langen Krallen.

STECKBRIEF

NAHRUNG
Kleine bis mittlere Säugetiere

LEBENSRAUM
Wälder, Gebirge, Savannen und Wüsten

0   2 m
Größe 90 - 190 cm

GROSSKATZEN

Katzen gehören zu den eindrucksvollsten Raubtieren der Nacht mit unglaublich scharfen Sinnen. Sie sehen sogar in sehr schwachem Licht, spüren ihre Beute in der Dunkelheit auf und überwältigen sie mit Riesenkräften.

Überraschungsangriff
Die Löwin packt die Rappenantilope am Hinterteil. Jetzt kann sich die Antilope weder mit einem kräftigen Tritt noch mit den Hörnern verteidigen.

Langer Schwanz
Die meisten Großkatzen haben einen langen Schwanz. Damit halten sie das Gleichgewicht, wenn sie laufen oder springen.

DER JAGUAR

Jaguare sind Großkatzen, die in Mittel- und Südamerika leben. Die Flecken aus einem Ring dunkler Haare heißen „Rosetten".

Jaguare leben oft in der Nähe von Wasser; sie können gut schwimmen.

GEMEINSAM JAGEN

Die meisten Katzen jagen allein, nur Löwen leben und jagen im Rudel. Wenn die Sonne untergeht, wird es etwas kühler. Die Beutetiere grasen oder trinken an den Wasserstellen – jetzt gehen die Löwen auf die Jagd.

DER SIBIRISCHE TIGER

Die sehr seltenen Sibirischen Tiger sind die größten Katzen der Erde. Sie lauern ihrer Beute in Wäldern auf, wo sie sich im Schatten verstecken können.

LÖWEN AUF DER JAGD

Fast immer gehen die Löwinnen auf die Jagd. Sie spüren die Beute im Team auf. Ihre Opfer sind große Tiere, vor allem Antilopen, Büffel und Zebras. Löwenrudel können sogar Elefanten überwältigen.

Sibirische Tiger sind vom Aussterben bedroht – Wilderer töten sie wegen ihres Fells.

In offenem Gelände
Löwen jagen gewöhnlich in der offenen afrikanischen Savanne, wo die Beutetiere keine Verstecke finden.

Waffen
Durch den Einsatz tödlicher Waffen – ihrer Zähne und Krallen –, enormer Schnelligkeit, Beweglichkeit und Kraft bringen Löwen und andere große Raubtiere ihre Beute zur Strecke.

DER KARAKAL

Karakale sind kleine, etwa 75 cm lange Katzen, die in Afrika und Teilen von Asien leben. Sie sind bekannt für ihre enorme Sprungkraft: Ein Karakal kann 3 m hoch springen.

Mit seinen großen Ohren hört der Karakal oder Wüstenluchs jede Bewegung seiner Beute.

23

SCHUPPENTIERE

Nur eine Säugetierfamilie schützt sich mit einer Rüstung aus besonderen Schuppen – daher der Name Schuppentiere. Zur Familie gehören acht Arten. Sie sind ohne den langen Schwanz zwischen 30 und 180 cm lang, sehen sich aber sehr ähnlich.

EINGEROLLT

Wenn sich ein Schuppentier zur Kugel einrollt und den Schwanz um den Körper legt, sind Kopf und der weiche Bauch vor Angriffen von Löwen, Leoparden und Hyänen geschützt.

Raubtiere, die auf ein zusammengerolltes Schuppentier stoßen, suchen lieber nach einer leichteren Beute.

ZAHNLOS

Im Unterschied zu den meisten anderen Säugetieren haben Schuppentiere keine Zähne. Sie brauchen auch keine, denn sie verschlingen mit ihrer langen, klebrigen Zunge winzige Ameisen und Termiten und verschlucken sie ungekaut. Steppenschuppentiere haben eine 25 cm lange Zunge – das ist etwa ein Drittel ihrer Körperlänge!

Farbe
Die braune bis olivgrüne Körperfarbe ist eine gute Tarnung zwischen Pflanzen.

Schwanz
Der Schwanz des Steppenschuppentiers ist 40-50 cm lang. Weißbauch-Schuppentiere halten sich mit dem Schwanz an Ästen fest.

UNTER DER ERDE

Die meisten Schuppentiere leben in Afrika. Sie verschlafen den Tag in langen, tiefen Höhlen, die sie selbst in den Boden graben. Mit ihrer hervorragenden Nase spüren sie unterirdische Ameisen- und Termitennester auf und graben sie aus.

Das Langschwanz-schuppentier hat den kleinsten Körper und den längsten Schwanz aller Schuppentiere.

DAS LANGSCHWANZ-SCHUPPENTIER

Die meisten Schuppentiere leben am Boden, können aber gut schwimmen und klettern. Das Langschwanzschuppentier lebt auf Bäumen und schläft in hohlen Stämmen.

Krallen
Mit den langen Krallen reißen Schuppentiere Ameisen- und Termitennester auf.

Schuppen
Die festen, scharfen Schuppen überlappen sich wie Dachziegel. Gesicht, Kinn, Schnauze und Bauch sind nicht mit Schuppen bedeckt.

0   100 cm

Größe 50 - 60 cm

STECKBRIEF

NAHRUNG
Insekten, vor allem Ameisen und Termiten

LEBENSRAUM
Savannen und Wälder

INSEKTENFRESSER

Insektenfresser oder Insektivoren leben vorwiegend von Insekten. Insekten sind nahrhaft, sie enthalten viele Proteine und Vitamine. Da die meisten Insekten klein und daher schwer zu finden und zu fangen sind, brauchen große Insektivoren täglich Tausende von Insekten, um satt zu werden.

Termitennest
In solchen bis 9 m hohen Termitennestern lebt ein ganzer Termitenstaat – ein Festmahl für den grabenden Erdwolf.

DER TAMANDUA

Der Tamandua hat eine langgezogene Schnauze. Er leckt Ameisen und Termiten mit der langen, klebrigen Zunge auf.

Der Tamandua versteckt sich tagsüber in Bäumen oder Höhlen, nachts sucht er in Bäumen nach Nahrung.

TERMITENFRESSER

Erdwölfe sind kleine Verwandte der Hyänen, die nur von Termiten und anderen kleinen Insekten leben. Pro Nacht fressen sie 3000 Insekten. Erdwölfe verschlafen die heißen afrikanischen Tage in einer Höhle und gehen nachts auf Insektenjagd.

IM WINTER

Wenn im Winter weniger Insekten unterwegs sind, gehen Erdwölfe manchmal auch tagsüber auf Insektenjagd. In einem strengen Winter nehmen sie deutlich ab und Jungtiere müssen ums Überleben kämpfen.

Wüstengoldmulle durchwühlen den Sand nach Heuschrecken und anderen Insekten.

Ohren
Wie viele nachtaktive Tiere haben Erdwölfe große Ohren, mit denen sie auf die Geräusche der Nacht lauschen.

DER WÜSTENGOLDMULL

Wüstengoldmulle sind etwa so groß wie eine Maus. Diese winzigen Wüstentiere sind blind. Ihre Nase ist mit einer ledrigen Haut bedeckt, damit kein Sand in die Nasenlöcher eindringt.

Körper und Schwanz
Der Körper ist bis 75 cm, der buschige Schwanz 30 cm lang. Der Rücken fällt von den Schultern schräg bis zum Schwanz ab.

Schultern
Wenn Erdwölfe die dichte Mähne auf ihren Schultern aufrichten, sehen sie größer und gefährlicher aus.

GROSSER KANINCHEN-NASENBEUTLER

Kaninchennasenbeutler sind Beuteltiere. Sie graben Höhlen, die bis 3 m tief unter die Erde reichen

Kaninchennasenbeutler graben unterirdisch lebende Insekten aus.

VAMPIRFLEDERMÄUSE

Vampirfledermäuse leben vom Blut anderer Tiere, vor allem von Kühen und Pferden. Da Blut nur wenige Nährstoffe enthält, verhungern die Fledermäuse, wenn sie nicht alle zwei Tage Blut saugen.

FALSCHE VAMPIRE

Die asiatischen Falschen Vampire saugen kein Blut. Sie fressen Insekten, Reptilien, Nagetiere und sogar Fische.

Falsche Vampire schlafen häufig gemeinsam in Höhlen.

AUF DER SUCHE NACH BLUT

Die Blut saugenden Fledermäuse machen sich nachts über ihre Opfer her. Mithilfe ihrer feinen Sinnesorgane finden sie nicht nur warme Tierkörper, sondern auch die Blutgefäße unter der Haut.

ZU FUSS UNTERWEGS

Vampirfledermäuse kriechen, springen und hüpfen auf ihre Opfer zu. Das sieht ungeschickt aus, aber sie sind so vorsichtig, dass sie nur selten bemerkt werden.

FRESSEN UND PINKELN

Blut enthält viel Wasser. Noch während die Vampirfledermäuse Blut saugen, scheiden sie das überschüssige Wasser aus. Würden sie nicht pinkeln, wären sie zu schwer zum Fliegen.

Am Boden laufen Vampirfledermäuse auf allen Vieren.

0   10 cm

Größe bis 9,5 cm

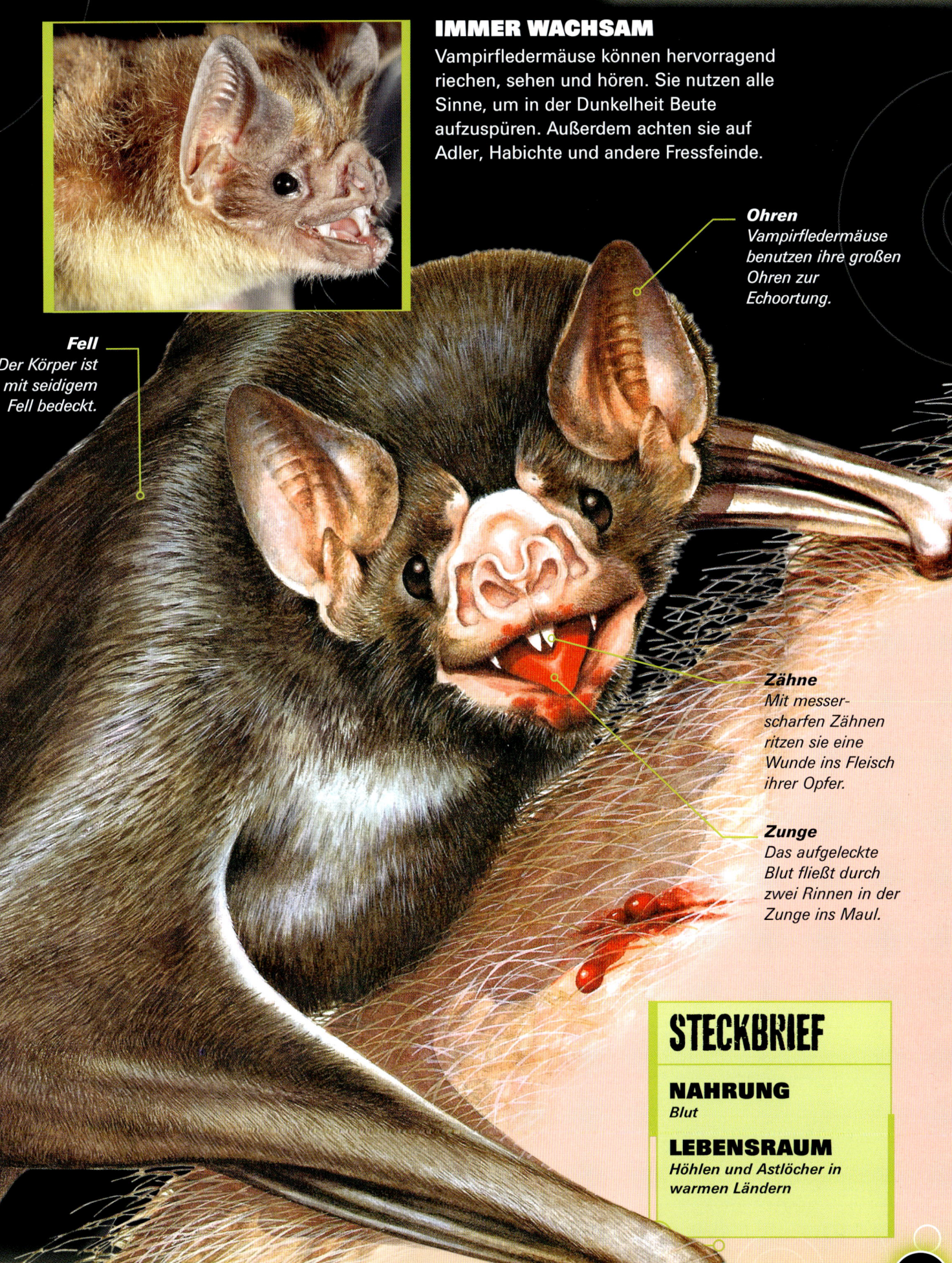

IMMER WACHSAM

Vampirfledermäuse können hervorragend riechen, sehen und hören. Sie nutzen alle Sinne, um in der Dunkelheit Beute aufzuspüren. Außerdem achten sie auf Adler, Habichte und andere Fressfeinde.

Ohren
Vampirfledermäuse benutzen ihre großen Ohren zur Echoortung.

Fell
Der Körper ist mit seidigem Fell bedeckt.

Zähne
Mit messerscharfen Zähnen ritzen sie eine Wunde ins Fleisch ihrer Opfer.

Zunge
Das aufgeleckte Blut fließt durch zwei Rinnen in der Zunge ins Maul.

STECKBRIEF

NAHRUNG
Blut

LEBENSRAUM
Höhlen und Astlöcher in warmen Ländern

FLEDERMÄUSE

Fledermäuse können als einzige Säugetiere aktiv fliegen. Andere „fliegende" Säugetiere gleiten nur durch die Luft – Fledermäuse schlagen mit den Flügeln. Die Flügel bestehen aus einer doppelten Hautschicht über verlängerten Arm- und Beinknochen. Fledermäuse fressen entweder Früchte oder Insekten.

Ein Flughund leckt süßen Nektar aus einer Blüte.

Finger
Die Flughaut ist zwischen den enorm langen Fingerknochen der Flughunde aufgespannt. Die kleinen Daumen sind wie eine Kralle geformt.

Geschickte Flieger
Fledermäuse können geschickt fliegen und auf dem Zweig eines Baumes landen.

FLUGHUNDE

Flughunde haben ein fuchsartiges Gesicht mit großen Augen. Sie suchen mit Augen und Geruchssinn nach Blüten und reifen Früchten. Da der Blütenstaub im Fell haften bleibt und auf andere Blüten übertragen wird, bestäuben sie die Blüten. Die Samen spucken sie aus oder scheiden sie mit dem Kot aus – so verbreiten sie die Pflanzen.

FLEDERMAUS-HÖHLE

Viele Fledermäuse leben in großen Kolonien in Höhlen. Die Kolonie der Bracken-Höhle (Texas, USA) soll aus 20 Millionen Bulldogg-Fledermäusen bestehen!

Wenn die Sonne untergeht, verlassen die Fledermäuse ihre Höhle.

Hufeisennasen hüllen sich zum Schlafen in die eigenen Flügel ein.

SAFTTRINKER

Flughunde fliegen meist in der Dämmerung, manchmal auch am Tag aus. Dieser Kurznasenflughund saugt an weichen Früchten. Er schluckt den Saft und spuckt das Fruchtfleisch aus.

AUF DEM KOPF

Fledermäuse halten sich mit den Fußkrallen fest und schlafen kopfüber. Der Klammergriff ist so fest, dass eine tote Fledermaus hängen bleibt.

Schwergewichte
Flughunde sind schwerer als echte Fledermäuse. Der Rote Flughund (Madagaskar) hat eine Flügel-spannweite von über 125 cm.

JAGEN MIT SCHALL

Insekten fressende Fledermäuse spüren ihre Beute mit der Echoortung auf: Sie machen einen Klicklaut, der als Echo von dem Insekt „abprallt". Die Fledermaus hört das Echo und bestimmt daraus die Position des Insektes.

DAS FINGERTIER

Fingertiere oder Aye-Ayes leben auf Madagaskar. Es sind so ungewöhnliche Tiere, dass man sie lange für kuriose Ratten hielt. Tatsächlich sind sie mit Affen und Menschenaffen verwandt: Fingertiere sind die größten nachtaktiven Primaten.

KLOPF, KLOPF!

Fingertiere klopfen bei der Nahrungssuche die Äste und Zweige von Bäumen ab. Wenn es hohl klingt, hat das Fingertier ein Loch im Holz entdeckt. In diesem Loch könnte eine Insektenlarve stecken – die Lieblingsnahrung der Fingertiere.

LANGFINGER
Zuerst beißt das Fingertier ein Stück Holz ab, dann steckt es seinen langen Finger in das Loch und angelt die Larve heraus.

Das Fingertier steckt seinen langen, schlanken Mittelfinger tief in Wurmgänge.

Ohren
Mit seinen nackten, beweglichen Ohren hört das Fingertier selbst leiseste Geräusche.

Fell
Das raue Fell ist fleckig; die Haare haben weiße Spitzen.

Maul
Fingertiere haben ein kleines Maul mit langen Schneidezähnen, die wie bei Ratten lebenslang wachsen.

Der sehr buschige Schwanz ist so lang wie der Körper.

LANGER SCHWANZ

Fingertiere sind sehr geschickt. Wenn sie über Äste rennen und von Baum zu Baum springen, halten sie mit dem Schwanz das Gleichgewicht.

0   50 cm

Größe 40 cm

NESTBAU

Fingertiere verlassen die Bäume nur selten. Den Tag verschlafen sie in Nestern, die sie aus Zweigen und Blättern bauen. Aye-Ayes gehören zu den Tierarten, die vom Aussterben bedroht sind.

Nägel
Fingertiere haben statt Krallen sehr lange, gebogene Fingernägel.

STECKBRIEF

NAHRUNG
Insektenlarven, Früchte, Samen und Blütennektar

LEBENSRAUM
Regenwald und Trockenwälder

LEMUREN

Lemuren sind Primaten, die wahrscheinlich schon seit 60 Millionen Jahren auf der Insel Madagaskar leben. Sie haben wie die Affen ein großes Gehirn, Hände und Augen, die nach vorne gerichtet sind.

VARIS

Viele Lemuren haben lange Schwänze und sind auffällig gefärbt. Die Schwarzweißen Varis verständigen sich mit lauten Rufen.

Die Weibchen der Schwarzweißen Varis polstern ihr Nest mit Fellhaaren aus.

MITTLERER KATZENMAKI

Der Mittlere Katzenmaki lebt im Wald und baut Nester in hohlen Bäumen. Die Mütter bringen gewöhnlich zwei Junge zur Welt, die von beiden Eltern versorgt werden. Auch die älteren Geschwister leben im Familiennest.

⊕ SCHLAFENSZEIT

Im kühlen, trockenen Winter auf Madagaskar wachsen nur wenige Früchte. Der Mittlere Katzenmaki frisst rechtzeitig große Mengen Früchte und speichert sie als Fett im Schwanz. Dann zieht er sich zum Winterschlaf zurück und lebt vom Fettvorrat im Schwanz.

Körper
Körper und Schwanz sind jeweils etwa 20 cm lang.

WESTLICHER WOLLMAKI

Wollmakis und andere nachtaktive Lemuren müssen nachts vor Habichten auf der Hut sein. Junge Wollmakis bleiben ein Jahr bei ihrer Mutter. In den ersten Monaten klammern sie sich auf ihrem Rücken fest.

Fell
Das Fell ist dicht und flauschig mit einem dunklen Ring um die großen Augen.

Hände
Wie alle Primaten haben Lemuren Hände mit Daumen, mit denen sie beim Klettern Äste sicher umfassen können.

WIESELMAKIS

Wieselmakis weiden nachts die Blätter von Bäumen ab. Beim Springen von Ast zu Ast drehen sie ihren Körper in der Luft so, dass sie immer aufrecht landen.

Rotschwanz-Wieselmakis leben in den Wäldern im Südwesten von Madagaskar.

DER WOMBAT

Wombats sind Beuteltiere, die nur in Australien und Tasmanien leben. Sie bringen winzige Junge zur Welt, die in einem Beutel am Bauch der Mutter heranwachsen. Wombats verbringen den Tag in unterirdischen Höhlen und kommen nachts zum Grasen heraus.

UNTERIRDISCHE HÖHLEN

Die drei Wombatarten leben in Grassteppen oder Eukalyptuswäldern und graben Höhlen. Die einzelnen Höhlenkammern sind oft durch Gänge zu einem großen, gemeinsamen Bau verbunden.

AGGRESSION

Wombats sind scheue Tiere, die aber manchmal aggressiv miteinander kämpfen. Sie schlagen mit den Krallen und beißen mit den scharfen Zähnen zu.

Haarnasenwombats können nicht klettern, aber schnell laufen und gut schwimmen.

Nase
Auf der Nase des Nacktnasenwombats wachsen keine Haare (nur beim Haarnasenwombat).

Kopf
Der Kopf ist klein und rundlich mit dunklen Augen und kurzen Ohren. Mit den kräftigen Kaumuskeln zermahlen sie Pflanzen.

STECKBRIEF

NAHRUNG
Gräser und andere Pflanzen, Wurzeln

LEBENSRAUM
Wälder, Hügel oder Gebirge mit Gras

Schwanz
Der kurze Schwanz ist fast vollständig behaart. Wombats haben ein raues Fell aus braunen Haaren mit grauen Spitzen.

0   150 cm

Größe 70-120 cm

JUNGENAUFZUCHT

Wombats leben in trockenen Regionen, in denen Gras wächst. Sie bekommen nur Junge, wenn das Gras nach intensiven Regenfällen üppig wächst. Wombatmütter bringen immer nur ein Junges zur Welt. Es ist winzig, wächst im Beutel der Mutter heran und trinkt ihre Milch.

Wenn die Jungen alt genug sind, verlassen sie den Bau und begleiten ihre Mutter beim Grasen.

Beine und Krallen
Wombats haben kräftige Beine mit breiten Pfoten und langen Krallen – ideale Grabwerkzeuge.

MUTTER UND JUNGES

Bei der Geburt sind die nackten, blinden Wombatjungen nur 2,5 cm lang. Im Alter von drei Monaten verlassen sie den Beutel, schlüpfen aber zum Schlafen und Milchtrinken wieder zurück.

BEUTELTIERE

Beuteltiere sind eine ungewöhnliche Gruppe von Säugetieren. Sie leben vorwiegend in Australien und den benachbarten Inseln. Koalas, Kängurus und Wombats sind Beuteltiere. Einige Arten, wie die Opossums, leben in Nord-, Mittel- und Südamerika. Beuteltiere bringen winzige Babys zur Welt, die in einem Beutel heranwachsen.

⊕ TÖDLICHE NAHRUNG ?

Koalas leben in Eukalyptusbäumen und ernähren sich ausschließlich von den giftigen Blättern des Eukalyptusbaumes. Das Gift schadet den Koalas aber nicht, denn spezielle Magenbakterien bauen die Giftstoffe ab.

Beine
Die Beine des Koalas sind kurz, mit den langen Fingern der Pfoten halten sie sich an den Zweigen fest.

DAS VIRGINIA-OPOSSUM

Wird dieses Opossum bedroht, wirft es sich auf den Rücken und stellt sich tot; sein fauliger Geruch soll Raubtiere abschrecken. Es lebt in Nordamerika und frisst unter anderem Früchte, Eier, Insekten und Vögel.

Das Virginia-Opossum sucht auf Bäumen nach Nahrung.

ÖSTLICHES GRAUES RIESENKÄNGURU

Männliche Graue Riesenkängurus werden 1,40 m groß. Mit ihren kräftigen Beinen teilen sie tödliche Tritte aus und können mit einem Satz 10 m weit springen.

Ein weibliches Östliches Graues Riesenkänguru mit einem Jungen im Beutel.

Größe
Koalas werden 75 cm groß; Männchen sind größer als Weibchen.

Kopf
Koalas haben große Köpfe mit flauschigen, runden Ohren, kleinen Augen und einer großen, ledrigen Nase.

DER BEUTELTEUFEL

Beutelteufel oder Tasmanische Teufel sind räuberische Beuteltiere, die nachts jagen, aber auch tote Tiere fressen. Mit ihrer guten Nase spüren sie Beutetiere auch im Dunkeln auf.

Beutelteufel haben ein großes Maul mit langen, spitzen Zähnen.

JUNGE KOALAS

Koalas sind ziemlich laut. Die Männchen bellen und knurren nachts, um andere Männchen abzuschrecken. Die jungen Koalas bleiben sechs Monate lang im Beutel der Mutter, dann klammern sie sich auf ihrem Rücken fest.

DER ROTAUGENLAUBFROSCH

Nachtaktive Tiere haben große Augen, um im Dunkeln besser sehen zu können. Die riesigen Augen des Rotaugenlaubfrosches schrecken außerdem Feinde ab. Der Frosch frisst Insekten, die er mit seiner langen Zunge fängt.

Augen
Der Rotaugenlaubfrosch schläft am Tag. Wird er gestört, reißt er die großen Augen auf und erschreckt den Angreifer.

Lange Beine
Laubfrösche können sehr gut springen. Wenn sie zwischen Blättern einer Beute auflauern, ziehen sie zur Tarnung die Beine an.

SAUGNÄPFE

An den großen Fingern und Zehen des Laubfroschs befinden sich Saugnäpfe. Damit hält er sich an Zweigen oder Pflanzenstängeln fest.

Saugnäpfe

Der Vorderfuß eines Rotaugenlaubfrosches von unten.

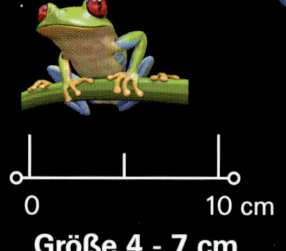

0   10 cm

Größe 4 - 7 cm

Haut
Die Haut eines Frosches darf nicht austrocknen.

QUAKEN

Rotaugenlaubfrösche bleiben stets in der Nähe von Wasser. Zur Paarungszeit quaken die Männchen, um Konkurrenten abzuschrecken. Das Quaken dient außerdem auch dazu, Weibchen anzulocken.

STECKBRIEF

NAHRUNG
Meist Insekten, wie Grillen und Motten

LEBENSRAUM
Tropischer Regenwald

AUGENLIDER

Frösche haben drei Augenlider: Das unterste ist unbeweglich, das oberste schließt sich, wenn der Frosch blinzelt oder schluckt. Das dritte Augenlid ist ein halb-durchsichtiges Hautstück.

Das dritte Augenlid schützt das Auge, wenn der Frosch taucht.

FARBWECHSEL

Junge Rotaugenlaubfrösche sind meist braun. Im Alter ändert sich die Farbe: Dann werden sie leuchtend grün mit blauen Flanken und orangefarbenen Füßen.

LEBENSZYKLUS

Die weiblichen Frösche kleben ihre Eier (Laich) an ein Blatt über dem Wasser. Die Embryos, die im Ei wachsen, sind durch eine Schleimschicht geschützt. Die schlüpfenden Kaulquappen (Jungfrösche) sind noch beinlos und fallen direkt ins Wasser – ihre Beine wachsen erst später.

1. Eier auf einem Blatt

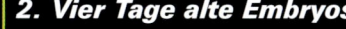

2. Vier Tage alte Embryos

3. Kaulquappen

AMPHIBIEN

Amphibien sind Tiere mit weicher Haut, die einen Teil ihres Lebens im Wasser, einen anderen an Land verbringen. Beim Übergang zum Landleben verändert sich ihr Körper (Metamorphose). Amphibien gliedern sich in Arten ohne Schwanz – Frösche und Kröten – und Arten mit Schwanz – Molche und Salamander.

DER JAPANISCHE RIESEN- SALAMANDER

Die meisten Salamander leben im oder am Wasser. Sie haben einen langen, schlanken Körper mit kurzem Schwanz. Es sind nachtaktive Amphibien, die sich tagsüber verstecken.

Japanische Riesensalamander wachsen ihr ganzes Leben lang und werden über 1 m lang.

NACHTMUSIK

In der Paarungszeit quaken die männlichen Frösche und Kröten. Jede Art lockt die Weibchen mit einem speziellen Ruf an. Einige blasen dabei einen dehnbaren Kehlsack auf, der das Quaken verstärkt.

NEUE LEBENSRÄUME

Die 15 - 23 cm großen Aga-Kröten haben eine olivgrüne Haut. Sie stammen aus Amerika, kommen inzwischen aber auch in Australien und auf einigen pazifischen Inseln vor. Sie gehen nachts auf die Jagd und fressen alle Tiere, die sie schlucken können.

HÖHLEN-SALAMANDER

Die blinden Höhlensalamander verbringen ihr ganzes Leben unter Wasser in Höhlen, meist in völliger Dunkelheit. Sie fressen Würmer und Schnecken.

Höhlensalamander atmen unter Wasser durch auffällige, federartige Kiemen.

Drüsen
Wenn sich die Kröte bedroht fühlt, tritt aus großen Drüsen auf beiden Seiten des Kopfes ein milchiges Gift aus.

Warzenhaut
Die Beulen auf der Haut einer Kröte sehen aus wie Warzen.

DIE AGA-KRÖTE

Sowohl die Eier und Kaulquappen der Aga-Kröte als auch das ausgewachsene Tier selbst enthalten ein tödliches Gift. An diesem Gift sterben die Fressfeinde der Aga-Kröte. Wo sich die Kröten ausbreiten, nimmt die Zahl der räuberischen Tiere deutlich ab.

Beine
Aga-Kröten können auf ihren kurzen Beinen nur kriechen und kurze Hüpfer machen.

DER GAVIAL

Der Gavial oder Gangesgavial lebt in den Flüssen Nordindiens. Anders als Krokodile und Alligatoren verlässt er das Wasser nur, um seine Eier zu bewachen oder ein Sonnenbad zu nehmen.

Beine
Der Gavial hat schwache Beine mit Schwimmhäuten zwischen den Zehen.

ABGETAUCHT

Wenn der Gavial unter Wasser sein Maul öffnet, legt sich eine Klappe über die Luftröhre, damit kein Wasser in die Lungen fließt.

Gaviale halten beim Tauchen die Luft an, weil sie unter Wasser nicht atmen können.

EIN NEST AM UFER

Die weiblichen Gaviale buddeln ein Loch in den Ufersand und legen ihre Eier hinein – bis zu 80 pro Nest. Wenn die Jungen schlüpfen, machen sie leise, grunzende Geräusche. Dann weiß die Mutter, dass sie ihren Nachwuchs ausgraben kann.

In der langen Schnauze sitzen 106 bis 110 spitze Zähne.

Größe 4 - 7 m

0   6 m

Farbe
Der Rücken eines Gavials ist grünbraun, der Bauch weiß gefärbt.

Glatte Schuppen
Gaviale haben glatte Schuppen, die Schuppen von Krokodilen und Alligatoren sind rau.

LANGE SCHNAUZE

Bei der Jagd auf Fische bewegen Gaviale die Schnauze unter Wasser hin und her. Mit den spitzen Zähnen schnappen sie auch glitschige Fische.

Lang und schlank
Die lange, schlanke Schnauze ist bei den Männchen an der Spitze verdickt. Mit dem Alter wird die Schnauze immer länger und dünner.

EMPFINDLICHE HAUT

Gaviale spüren die Bewegungen eines nahen Beutetieres durch Sinnesorgane in der Haut. Daher können sie sogar nachts jagen: Sie lauern bewegungslos im Wasser, bis ein Fisch vorbeischwimmt, dann schnappen sie blitzschnell zu. Zum Schlucken müssen sie ihren Kopf aus dem Wasser heben.

STECKBRIEF

NAHRUNG
Fische

LEBENSRAUM
Ruhige Abschnitte in schnell fließenden Flüssen

KROKODILE

Während sich viele nachtaktive Tiere am Tag vor Raubtieren versteckten, fürchten die Mitglieder der Krokodilfamilie keinen Feind. Sie liegen in der heißen Sonne, wärmen sich und warten auf den Sonnenuntergang – dann beginnt die Jagd.

Heimlich
Wenn sich ein Alligator lautlos seinem Opfer nähert, bleibt fast der ganze Körper unsichtbar unter Wasser.

DAS AUGE DES KAIMANS

Krokodile haben ein durchsichtiges, drittes Augenlid. Es schützt das Auge beim Tauchen. Vermutlich können Krokodile sogar mit geschlossenem Augenlid noch Schatten und Formen sehen.

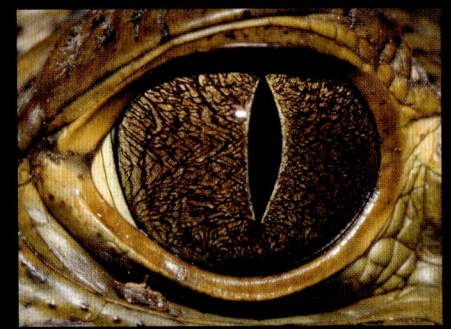

Kaimane sehen mit ihren großen Augen auch im Dunkeln.

SPRINGEN

Manchmal springen Krokodile und Alligatoren aus dem Wasser, um nach Beutetieren zu schnappen. Sie sind nicht wählerisch und fressen alles, was sie erwischen. Da sie sich in 200 Millionen Jahren kaum verändert haben, werden sie „lebende Fossilien" genannt.

Nilkrokodile kommen regelmäßig an Land und wärmen sich in der Sonne auf.

Augen und Nasenlöcher
Die Augen und Nasenlöcher liegen oben auf dem Kopf, sodass ein untergetauchtes Krokodil noch sehen, riechen und atmen kann.

TÖDLICHE DREHUNG

Nilkrokodile sind stark genug, um sogar Büffel ins Wasser zu ziehen. Da sie ihre Opfer nicht zerbeißen können, wirbeln sie unter Wasser mit der Beute in der Schnauze herum, bis maulgroße Fleischbrocken abreißen.

ALLIGATOREN

Es gibt nur zwei Arten, den Mississippi- und den China-Alligator. Die amerikanischen Mississippi-Alligatoren sind riesige, massige Tiere, die extrem seltenen China-Alligatoren sind viel kleiner.

Schädel eines Nilkrokodils

SCHÄDEL

Krokodile haben große, spitze Zähne. Wenn Krokodile ihr Maul schließen, bleiben zwei Zähne des Unterkiefers sichtbar. Die Zähne eines Alligators sind bei geschlossenem Maul nicht zu sehen.

DIE SCHLEIEREULE

Schleiereulen rufen anders als typische Eulen: Wenn sie nachts durch die Luft gleiten, stoßen sie einen gruseligen Schrei aus. Manchmal hört er sich auch wie ein Zischen oder sogar wie ein Schnarchen an!

SCHWEBEN

Wenn Schleiereulen über ihrer Beute schweben, breiten sie Flügel und Schwanzfedern weit aus.

Die Eule fixiert ihre Beute, dann stößt sie auf ihr Opfer herab.

Fänge
Die Füße mit den langen, spitzen Krallen werden Fänge genannt. Sie haben die perfekte Form, um fliehende, kleine Tiere zu packen.

 ## AUSRUHEN

Die großen Schleiereulen verbringen den Tag in Astlöchern oder alten Scheunen. Wie alle Eulen bevorzugen auch Schleiereulen Wälder oder offene Wiesenlandschaften. Dort gehen sie auf die Jagd nach kleinen Tieren.

NACHTJÄGER

In der Regel jagen Schleiereulen in der Nacht. Nur wenn sie ihre Jungen füttern, suchen sie auch tagsüber nach Beute. Mit den großen, nach vorn gerichteten Augen sehen sie gut im Dunkeln. Eulen können auch die kleinsten Beutetiere wie Mäuse schon von Weitem ausmachen. Außerdem hören sie hervorragend.

Mit ihren großen Augen sehen Eulen nachts viel besser als wir.

RÖHRENFÖRMIGE AUGEN

Die Augäpfel von Eulen sind nicht kugelförmig, sondern wie eine Röhre geformt. Da sie ihre Augen nicht bewegen können, müssen Eulen den ganzen Kopf in die Blickrichtung drehen.

Federkleid
Schleiereulen haben weiße bis goldgelbe Federn.

Gesicht
Das herzförmige Gesicht fängt wie ein Trichter auch leiseste Töne ein.

Federn
Die weichen Federn haben einen flaumartigen Rand. Daher ist der Flug der Eule fast nicht zu hören.

0 — 45 cm

Größe 30 - 45 cm

STECKBRIEF

NAHRUNG
Kleine Säugetiere

LEBENSRAUM
Weltweit, außer in Wüsten und den Polargebieten

EULEN

Die großen Eulen sind nächtliche Jäger. Wie alle Greifvögel haben sie lange Fänge und kräftige Schnäbel. Bis auf die Antarktis leben Eulen in allen Regionen der Erde. Menschen bekommen Eulen nur selten zu Gesicht – selbst da, wo sie häufig vorkommen.

LANGE, KALTE NÄCHTE

Die Winter in der Arktis sind lang und kalt. Sobald die Sonne untergeht, gehen Schnee-Eulen auf die Jagd. Im Sommer, wenn es fast 24 Stunden lang hell bleibt, müssen sie auch bei Tageslicht jagen.

Tarnung

Weibliche Schnee-Eulen brüten ihre Eier in einem Bodennest aus. Die dunklen Flecken im weißen Gefieder sind eine gute Tarnung zwischen den Steinen.

DIE FISCHEULE

Während die meisten Eulen Mäuse und andere kleine Tiere jagen, schnappen sich Fischeulen ihre glitschige Beute aus dem Wasser.

Fischeulen haben lange, spitze Krallen, mit denen sie Fische sicher packen können.

JAGD IM SCHNEE

Schnee-Eulen gleiten über die Landschaft der Arktis und suchen nach Kaninchen, Lemmingen und anderen Tieren. Mit ihren scharfen Augen und Ohren spüren sie Beutetiere sogar unter dem Schnee auf.

Riesige Flügelspannweite
Die ausgestreckten Flügel einer Schnee-Eule messen von Spitze zu Spitze bis zu 150 cm.

Kanincheneulen starren mit gelben, bohrenden Augen in die Welt.

DIE KANINCHENEULE

Kanincheneulen sind sehr ungewöhnliche Vögel: Sie nisten unter der Erde. Manchmal graben sie ihre Nisthöhlen selbst, doch meist benutzen sie die Höhlen anderer Tiere.

DIE WALDOHREULE

Bei der Jagd verlassen sich Waldohreulen auf ihr Gehör. Damit spüren sie eine Maus sogar in völliger Dunkelheit auf.

Das gefleckte Federkleid ist im Wald eine gute Tarnung. Die aufrechten Federbüschel sind keine Ohren!

Spitze Krallen
Die Fänge der Eule sind mit weichen Federn bedeckt; sie halten die Füße in Eis und Schnee warm.

DER GROSSE LEUCHTKÄFER

Große Leuchtkäfer kommen in den Wäldern, Wiesen und Feuchtgebieten von Europa und Asien vor. Beide Geschlechter leuchten, um einen Partner anzulocken – die Männchen etwas schwächer. Weibchen leuchten nur bis zur Paarung, dann legen sie ihre Eier auf oder knapp unter die Erde.

Flügellos
Weibchen haben keine Flügel.

AUF DER SUCHE NACH LIEBE

Die geflügelten Männchen fliegen umher, bis sie ein flügelloses Weibchen finden.

Männliche Leuchtkäfer sind nur halb so groß wie die Weibchen.

Leuchtorgane
Das Licht entsteht durch eine chemische Reaktion im Inneren des Körpers.

GRANDIOSE LEUCHTREKLAME

In Südostasien versammeln sich Tausende von Leuchtkäfern in Bäumen. Sie blinken synchron im selben Rhythmus, um Partner anzulocken. Während der Paarungszeit verständigen sie sich mit Lichtsignalen von unterschiedlicher Dauer und Frequenz.

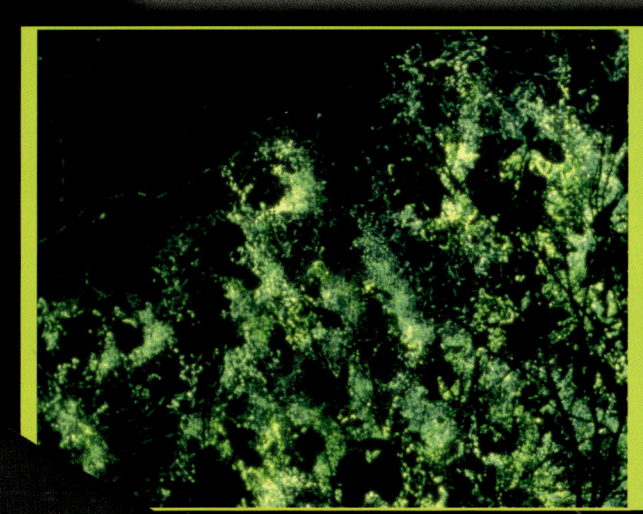

Fühler
Leuchtkäfer riechen mit ihren Fühlern.

Mundwerkzeuge
Erwachsene Leuchtkäfer fressen nicht – sie sterben nach der Paarung.

Beine
Die Weibchen klettern auf Grashalme oder Zweige und zeigen ihren leuchtenden Hinterleib.

LOCKENDE SIGNALE

Weibliche Leuchtkäfer können nicht fliegen. Um die fliegenden Männchen anzulocken, bewegen sie nachts ihren leuchtenden Hinterleib. Männchen reagieren noch aus 50 m Entfernung auf das gelbe, grüne oder hellrote Licht.

0   2 cm
Weibchen 1,7 cm

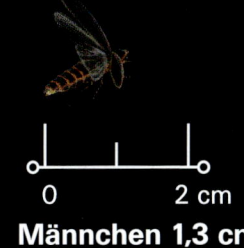

0   2 cm
Männchen 1,3 cm

STECKBRIEF

NAHRUNG
Die Larven suchen auf dem Waldboden nach Schnecken.

LEBENSRAUM
Wiesen und Wälder

GLÜHWÜRMCHEN

Glühwürmchen sind nicht etwa Würmer, sondern Käfer, die in ihrem Körper ein helles, gelb-grünes Licht erzeugen können. In Sommernächten sieht man dieses Licht aus Bäumen oder Sträuchern strahlen. Von den Tropen bis zu den gemäßigten Breiten kommen etwa 2000 leuchtende Käferarten vor.

KILLERLARVEN

Die Larven der meisten Leucht-käferarten leben räuberisch. Sie fressen Insekten, Schnecken und sogar andere Larven. Einige erwachsene Käfer jagen, andere fressen Nektar.

Eine Larve macht sich über eine Schnecke her.

LICHT IM DUNKELN

Glühwürmchen leuchten in der Nacht, um Partner anzulocken. Jede Art hat ein ganz eigenes Leuchtsignal, an dem sich Partner derselben Art erkennen können.

Körper
Das Licht wird im Hinterleib des Glüh-würmchens erzeugt.

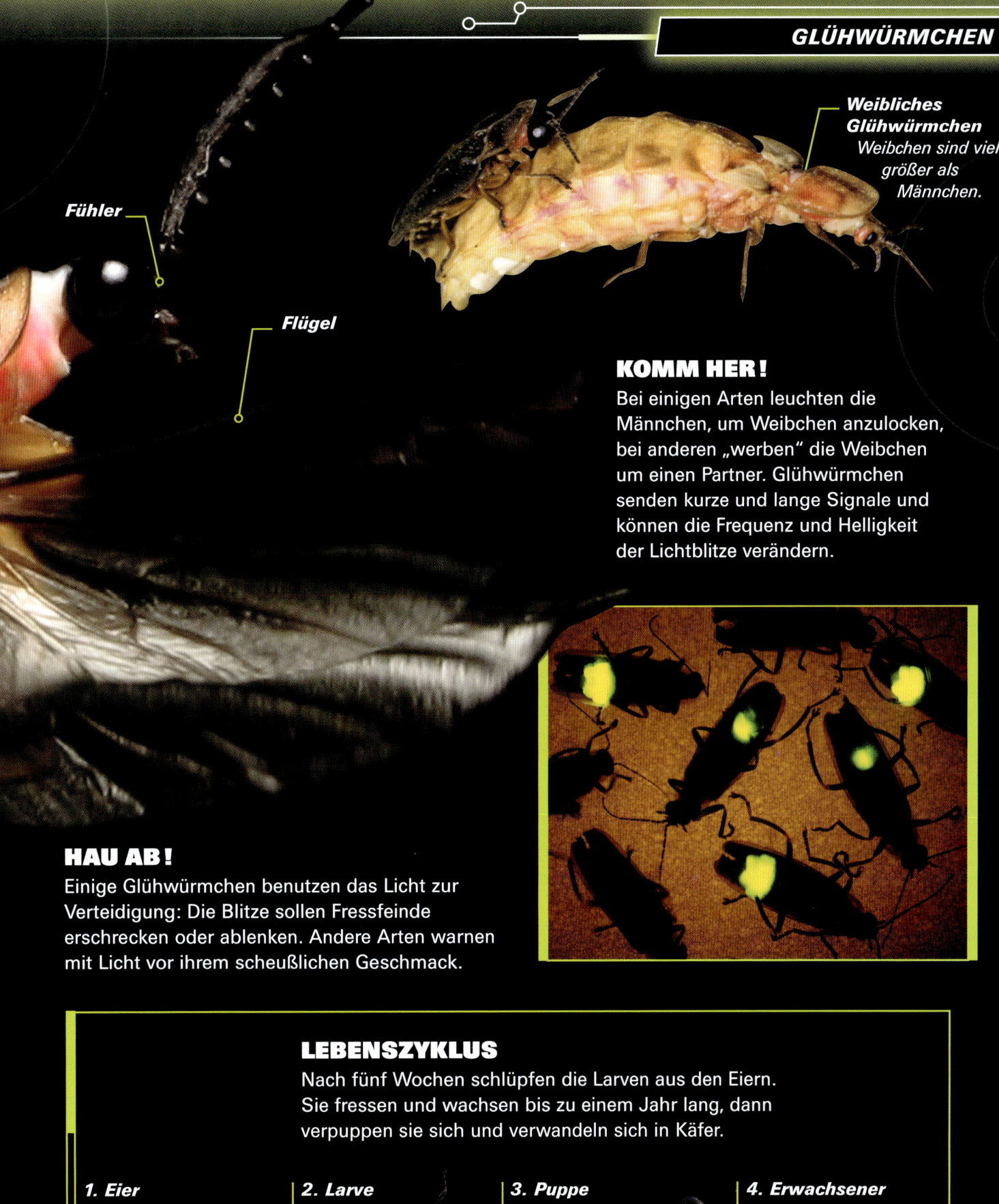

Fühler

Flügel

Weibliches Glühwürmchen
Weibchen sind viel größer als Männchen.

KOMM HER!

Bei einigen Arten leuchten die Männchen, um Weibchen anzulocken, bei anderen „werben" die Weibchen um einen Partner. Glühwürmchen senden kurze und lange Signale und können die Frequenz und Helligkeit der Lichtblitze verändern.

HAU AB!

Einige Glühwürmchen benutzen das Licht zur Verteidigung: Die Blitze sollen Fressfeinde erschrecken oder ablenken. Andere Arten warnen mit Licht vor ihrem scheußlichen Geschmack.

LEBENSZYKLUS

Nach fünf Wochen schlüpfen die Larven aus den Eiern. Sie fressen und wachsen bis zu einem Jahr lang, dann verpuppen sie sich und verwandeln sich in Käfer.

1. Eier

2. Larve

3. Puppe

4. Erwachsener

DER FEDERLEUCHTKÄFER

Der Federleuchtkäfer lebt in Nord- und Südamerika. Seine im Dunkeln leuchtenden Larven heißen im Englischen „Eisenbahnwurm". Ihre Lieblingsbeute sind Tausendfüßer. Die Larve beißt ihnen den Kopf ab und saugt die Körperflüssigkeit aus.

ERWACHSENE KÄFER

Erwachsene weibliche Käfer sehen immer noch wie junge Larven aus. Die langen, schlanken Männchen sind dagegen echte Käfer mit Flügeln, sechs Beinen, großen Augen und langen Fühlern.

Körper
Die drei Flecken auf jedem der elf behaarten Körperabschnitte strahlen wie kleine Laternen in einem grünlich- gelben Licht.

Kopf
Am Kopf der Weibchen leuchten zwei rote „Laternen".

BIOLUMINESZENZ

Die Fähigkeit von Tieren, selbst Licht zu erzeugen, wird Biolumineszenz genannt. Die Farben werden durch ein Gemisch unterschiedlicher chemischer Stoffe erzeugt.

Kiefer
Mit den gerillten Mundwerkzeugen beißt der Käfer zu und saugt Flüssigkeit.

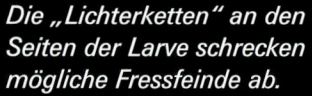

Die „Lichterketten" an den Seiten der Larve schrecken mögliche Fressfeinde ab.

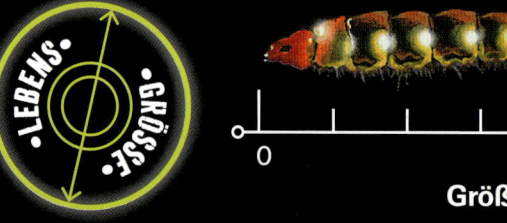

LEBENS· ·GRÖSSE·

0   7 cm

Größe 6,4 cm

Eine weibliche (unten) und eine männliche Käferlarve.

LARVEN

Junge Käfer werden Larven genannt. Männliche Larven sind viel kleiner als weibliche Larven. Die erwachsenen Weibchen behalten das Aussehen von Larven.

SCHUTZ DER EIER

Die Käferweibchen legen etwa zwölf harte, kugelige Eier. In den ersten Tagen ringeln sie schützend ihren Körper darum.

Aus den Eiern schlüpfen Larven, die sofort leuchten können.

Beine
An jedem der sechs Beine befinden sich Krallen. Sie geben dem Käfer beim Laufen und Graben festen Halt.

⊕ LICHTERKETTEN

Die Lichter auf den Körpersegmenten sind, von der Seite betrachtet, in drei langen Reihen angeordnet. Im Dunkeln erinnern sie an eine Eisenbahn, die durch die Nacht fährt – daher „Eisenbahnwurm". Wahrscheinlich nutzen die Tiere das Licht am Kopf, um Beutetiere auszumachen, während die seitlichen Lichter dazu dienen, Feinde abzuschrecken.

STECKBRIEF

NAHRUNG
Tausendfüßler

LEBENSRAUM
Felder, Wiesen und Wälder

KÄFER

Es gibt etwa 400.000 Käferarten; sie machen ein Drittel aller Insekten aus. Käfer haben sechs Beine. Bei laufenden Käfern liegen die beiden weichen Flügel gut geschützt unter zwei festen Flügeldecken (Elytren). Die meisten Käfer fressen Pflanzen, einige sind räuberische Nachttiere.

LEBENSZYKLUS

Weibliche Herkuleskäfer legen ihre Eier in faulenden Holzstümpfen ab. Nach einem Monat schlüpfen daraus große Käferlarven. Sie fressen und wachsen 18 Monate lang. Männliche Herkuleskäferlaven werden bis zu 18 cm lang.

Riesenkäfer
Mit Horn werden männliche Herkuleskäfer bis zu 17 cm lang. Die Weibchen sind kleiner.

Harte Flügeldecken
Käfer können die Flügel unter den Flügelecken entfalten und kurze Strecken fliegen.

WEIHNACHTSKÄFER

In ihrer Heimat Australien werden diese Käfer „Weihnachtskäfer" genannt, weil sie zu Weihnachten besonders häufig vorkommen. Es gibt insgesamt 35 Arten.

Ausgewachsene Käfer klettern auf Bäume und weiden die Blätter ab.

WALDBEWOHNER

Herkuleskäfer leben in den Wäldern Mittel- und Südamerikas. Die nachtaktiven Käfer ernähren sich von Früchten und dem Saft aus Bäumen und Pflanzen – Palmen sind besonders begehrt.

Maikäfer haben behaarte Körper und kammartige Fühler.

Kräftiges Horn
Männchen tragen ein großes Horn am Kopf. Die Käfer sind sehr stark und können mit dem Horn ein Gewicht von über 2 kg anheben.

DER MAIKÄFER

Maikäfer fliegen von Baum zu Baum und fressen Blätter. Sie müssen sich vor nächtlichen Räubern – Eulen und Fledermäuse – in Acht nehmen. Maikäfer werden einen Monat alt, wenn sie nicht schon vorher gefressen werden.

Beine
Käfer haben drei Paar Beine. Mit den beiden Krallen an den Füßen klammern sie sich fest.

SCHWARZKÄFER

Der Schwarzkäfer frisst tote oder lebende Pflanzen. Er begibt sich nachts auf Nahrungssuche, weil er mit seinen schwarzen Flügeldecken von Fressfeinden nicht so leicht entdeckt werden kann.

Droht Gefahr, richtet sich der Schwarzkäfer hoch auf und versucht, einen Feind durch Gestank abzuschrecken.

TRAUER-MÜCKEN

Die kleinen Trauermücken bewohnen warme, feuchte Orte. Die meisten leben in Wäldern, doch in Australien und Neuseeland verbringen einige Arten einen Teil ihres Lebens in Höhlen ohne natürliches Licht. Die Larven dieser Trauermücken können Licht erzeugen.

Seidenfäden
Die Larve spinnt eine schützende Hülle aus Seidenfäden um ihr röhrenförmiges Nest aus durchsichtigem Schleim.

AUFGEHÄNGT

Die Larven spinnen Fallen aus Seidenfäden, die vom Höhlendach oder einem Baumast herabhängen. Um fliegende Insekten in die Falle zu locken, bewegen sie den leuchtenden Hinterleib hin und her.

Rücklicht
Das Licht am Hinterleib der Larve bringt die Seidenfäden zum Glitzern.

IN DER FALLE

Mücken und andere kleine Insekten, die vom Licht angezogen werden, bleiben in den seidenen Fallen hängen. Die Larve zieht ihre Beute am Seidenfaden heran, packt sie und frisst sie auf.

Aus den klebrigen und giftigen Seidenfäden gibt es für die Fliege kein Entkommen.

Wachsen
Die Larven gehen ein Jahr lang in der Höhle auf Beutefang, dann verpuppen sie sich.

Die Seidenfäden hängen frei nach unten.

HÄNGENDE FALLEN
Einige Arten tröpfeln eine giftige Flüssigkeit auf ihre Seidenfäden. In einer einzigen Höhle können Hunderttausende solcher Seidenfäden von der Decke hängen.

Auf zur Mahlzeit
Wenn ein Beutetier an den Fäden rüttelt, kriecht die Larve aus ihrer Röhre.

Klebrige Fallen
Jeder Seidenfaden ist etwa 40 cm lang und mit Tröpfchen aus klebrigem Schleim bedeckt.

EWIGE JUGEND ?
Die meisten Trauermücken leben in völliger Dunkelheit – einige vertragen sogar Frost – und ernähren sich von Pilzen. Diese Höhlenbewohner verbringen die meiste Zeit ihres Lebens als Larve. Sie verwandeln sich erst in Mücken, wenn sie zehnmal so groß sind wie direkt nach dem Schlüpfen.

STECKBRIEF

NAHRUNG
Fliegende Insekten

LEBENSRAUM
Höhlen oder feuchte, dunkle Wälder

HÖHLENTIERE

Manche Höhlenbewohner verlassen ihre Höhle gelegentlich, andere leben ständig in der Dunkelheit. Diese Tiere haben sich an einen der ungewöhnlichsten Lebensräume der Erde angepasst, in dem niemals die Sonne scheint. Einige Höhlentiere sind blind oder können kaum sehen.

⊕ DER BLINDE HÖHLENSALMLER

Blinde Höhlensalmler leben in warmen, dunklen Höhlen in Mexiko. Ein naher Verwandter lebt oberirdisch in mexikanischen Flüssen und Teichen – er kann gut sehen. Salmler fressen vorwiegend kleine Krebse, Insekten und Würmer.

Körper
Der Fisch wird bis 12 cm lang.

Ohne Augen
Die Höhlen- salmler werden mit Augen geboren; später wächst Haut darüber.

HÖHLENGRILLEN

Höhlengrillen leben an dunklen Orten wie Höhlen, Keller und Garagen. Sie sind blind oder können nur sehr schlecht sehen.

Höhlengrillen haben sehr lange Fühler.

⊕ NÄCHTLICHE JAGD

Höhlensalmler sind blind, manchen Formen fehlen die Augen ganz. Dennoch sind sie gute Jäger, die ihre kleinen Beutetiere schmecken, riechen und ertasten und mit scharfen Zähnen packen. Außerdem fressen sie die Reste toter Tiere.

*Dieser Höhlen-
krebs lebt in
Florida (USA).*

HÖHLENKREBSE

Höhlenkrebse sind blind,
sie orientieren sich mit
ihrem Geruchs- und
Tastsinn. Die kaum 5 cm
langen Krebse haben einen
farblosen Panzer.

Durchsichtige Schuppen
*Unter den durchsichtigen
Schuppen auf Schwanz,
Flossen und Körper schimmert
die rosa Haut durch.*

Seitenlinienorgan
*Wie alle Fische haben
auch Höhlensalmler ein
Seitenlinienorgan. Damit
nehmen sie Bewegungen
im Wasser wahr,
orientieren sich und
spüren Beute auf.*

HÖHLENKÄFER

Die meisten Laufkäfer sind
nachtaktiv, einige leben
sogar in der ewigen
Dunkelheit von Höhlen.
Manche Arten sind extrem
selten: Sie kommen nur
in einer Höhle vor.

*Blinde Höhlenkäfer finden sich
mithilfe der empfindlichen
Fühler zurecht.*

EULEN-FALTER

Eulenfalter ruhen sich tagsüber auf der Rinde von Bäumen aus. Mit den Flecken auf den Vorderflügeln sind sie auf brauner und grauer Rinde gut getarnt.

KRÄFTIGE FARBEN

Die Arten der Eulenfalter unterscheiden sich in den Farben ihrer Hinterflügel, von blau über hellrosa bis leuchtend rot.

Die kräftig gefärbten Hinterflügel werden unter den Vorderflügeln versteckt.

 ## AUSGEZEICHNETES GEHÖR

Viele Nachtfalter können hervorragend hören. Wenn sie nachts unterwegs sind, lauschen sie auf Fledermäuse, ihre gefährlichsten Feinde. Dieser Eulenfalter heißt Ordensband. Er lebt im Osten von Nordamerika.

HUNGRIGE RAUPEN

Die Larven von Tag- und Nachtschmetterlingen werden Raupen genannt. Viele suchen nachts nach Nahrung.

Diese dicke Raupe des Eulenfalters wird bald zur Puppe und dann zum Falter.

 ## EIER LEGEN

Im Spätsommer legen die weiblichen Falter ihre Eier in Baumrinde oder auf Pflanzen, von denen sich die Raupen später ernähren können. Die Ordensband-Raupen schlüpfen im Frühling. Ihre Leibspeise sind Pappeln und Weiden.

Vorderflügel
Das matte, graue Muster auf der Oberseite der Vorderflügel macht die Nachtfalter auf Baumrinde fast unsichtbar.

STECKBRIEF

NAHRUNG
Nektar

LEBENSRAUM
Wiesen, Wälder und am Wasser

Sinnesorgane
Nachtfalter haben große Augen und empfindliche Fühler.

Beine
Nachtfalter haben wie alle Insekten sechs Beine.

Hinterflügel
Die Oberseite der Hinterflügel ist bunt gestreift. Von unten scheinen die Farben nur schwach durch.

VERTEIDIGUNG
Bei Gefahr klappt der Falter ihre Vorderflügel auf: Die leuchtenden Farben der Hinterflügel, die an die Augen von Katzen erinnern, sollen Angreifer täuschen.

Die plötzlich aufleuchtenden Farben verwirren einen Fressfeind.

NACHTFALTER

Nachtfalter suchen im Unterschied zu den Tagfaltern nachts nach Nahrung. Die meisten Arten sind unauffällig gefärbt und haben größere Fühler. Sowohl Tag- als auch Nachtfalter können hervorragend fliegen. Sie flattern von Blüte zu Blüte, rollen ihren Rüssel wie einen Trinkhalm aus und saugen Nektar und andere Flüssigkeiten.

Federförmige Fühler
Die langen Fühler haben Zähne wie ein Kamm. Männchen haben längere Fühler als Weibchen.

Zwei Flügelpaare
Der Isabellaspinner hat eine Flügelspannweite von 7-10 cm.

SCHWÄRMER

Schwärmer fliegen schneller als 20 km/h – sie gehören zu den schnellsten fliegenden Insekten. Einige Arten können wie Kolibris vor einer Blüte in der Luft schweben.

Der Mittlere Weinschwärmer ist in der Dämmerung aktiv und leicht an seinem rosa und grünen Muster zu erkennen.

EMPFINDLICHER GERUCHSSINN

Nachtfalter haben feder- oder kammförmige Fühler, mit denen sie riechen. Als Nachttiere sind sie auf ihren sehr empfindlichen Geruchssinn angewiesen.

Die Männchen haben größere Fühler; damit spüren sie den Duft der Weibchen auf.

FALTER MIT SCHWANZ

Der Isabellaspinner gehört zur Familie der Pfauenspinner, zu der die größten und schönsten Nachtfalter zählen. Die Hinterflügel enden in langen „Schwänzen" und die Schuppen auf den Flügeln glänzen metallisch.

Augenflecke
Die Augenflecke auf den Flügeln des Isabellaspinners sollen Feinde verwirren.

Das auffällige Aussehen soll andere Tiere abschrecken.

DER GROSSE GABELSCHWANZ

Die erwachsenen, cremeweißen Falter sehen flauschig aus. Die Raupen sind dagegen bunt gefärbt, mit Augenflecken und peitschenartigen Fortsätzen am Hinterleib.

DER ISABELLASPINNER

Diese Nachtfalter leben in den Kiefernwäldern von Spanien und Frankreich. Jedes Weibchen legt etwa 100 Eier. Die daraus schlüpfenden Raupen fressen Kiefernnadeln. Erwachsene Isabellaspinner fressen nicht. Sie leben nur wenige Tage, paaren sich und legen Eier.

DER HAARIGE WÜSTENSKORPION

Skorpione sind mit den Spinnen verwandt, sehen aber anders aus und verhalten sich völlig anders. Sie spinnen keine Seidenfäden und leben meist an trockenen Orten.

Schwanz
Der gegliederte, lange Schwanz ist über den Körper gebogen – jederzeit angriffbereit.

STACHEL
Der Schwanz besteht aus sechs Abschnitten, der letzte enthält Giftdrüsen und den Stachel.

EIN STACHEL IM SCHWANZ
Am Ende des langen, schlanken Schwanzes befindet sich ein Giftstachel. Damit töten Skorpione ihre Beute und verteidigen sich gegen Angreifer. Häufig flieht der Haarige Wüstenskorpion aber bei Gefahr und versteckt sich in einer Höhle.

LEUCHTEN IM UV-LICHT
Wenn Skorpione mit UV-Licht angestrahlt werden, beginnen sie zu leuchten – der Grund ist unbekannt.

Beute packen
Skorpione halten ihre Opfer mit den kräftigen Klauen fest, dann stechen sie zu.

Im Dunkeln lassen sich die leuchtenden Skorpione mit UV-Licht leicht aufspüren.

STECKBRIEF

NAHRUNG
Insekten, Eidechsen,
Skorpione und kleine
Säugetiere

LEBENSRAUM
Steinwüsten und Ödland

Außenskelett
Ein hartes
Außenskelett
schützt den Körper
des Skorpions.

Beine
Skorpione
haben acht
Beine.

SPINNENTIERE

Spinnentiere leben seit mindestens 400 Millionen Jahren auf der Erde. Von dieser sehr erfolgreichen Tiergruppe gibt es über 100.000 Arten – von winzigen Milben bis zu tellergroßen Exemplaren. Fast alle Spinnen sind räuberische Landtiere.

Körperbau
Skorpione sind typische Spinnentiere mit einem zweigeteilten Körper und acht Beinen.

Kräftige Klauen
Geißelskorpione benutzen ihre beiden großen, kräftigen Klauen oder Pedipalpen zum Graben und um Beute zu packen.

WEBERKNECHTE

Weberknechte haben einen kleinen Körper mit sehr langen Beinen. Sie erreichen eine Spannweite von bis zu 10 cm.

Weberknechte sehen aus wie Spinnen ohne die Einschnürung in der Körpermitte.

GEISSELSKORPIONE

Wenn sich ein Geißelskorpion bedroht fühlt, bespritzt er den Angreifer mit einer essigartigen Flüssigkeit. Er trifft zielsicher bis zu einer Entfernung von 50 cm.

Superlange Vorderbeine
Die beiden stark verlängerten Vorderbeine werden wie Fühler eingesetzt.

⊕ AUF DER JAGD

Ein Geißelskorpion auf Beutejagd tastet sich im Dunkeln mit den beiden Vorderbeinen voran. Hat er eine Beute entdeckt, packt er mit den kräftigen Pedipalpen zu.

Peitschenschwanz
Der peitschenartige Schwanz kann so lang sein wie der gesamte Körper. Er hat keinen Giftstachel.

Eine Skorpion- mutter beschützt ihre Jungen.

Giftspritze
Geißelskorpione spritzen einen Säurestrahl aus Körperöffnungen.

GUT BEHÜTET

Während sich die meisten Spinnen nicht um ihre Jungen kümmern, sorgen Skorpione gut für ihren Nachwuchs. Sie tragen ihre Jungen so lange auf dem Rücken herum, bis sie sich zum ersten Mal gehäutet haben.

PSEUDOSKORPIONE

Pseudoskorpione sehen echten Skorpionen ähnlich, haben aber keinen Schwanz mit Giftstachel. Sie weben ihre Nester aus Seidenfäden und ihr Biss ist giftig wie bei den Spinnen.

Dieser europäische Pseudoskorpion ist nur 3 mm lang.

WOLFSSPINNEN

Während viele Spinnen ihre Beute in Netzen fangen, sind die großen Wolfsspinnen aktive Jäger, die ihre Beute verfolgen und aus dem Hinterhalt überfallen. Sie verbringen fast ihr ganzes Leben auf dem Boden.

⊕ GETARNTE JÄGER

Die meisten Wolfsspinnen sind matt braun oder grau gefärbt und auf dem Boden sehr gut getarnt. Sie jagen Insekten und Spinnen zwischen Blättern auf dem Waldboden.

IN NAHAUFNAHME

Mit den beiden großen Augen sehen sie Bilder, die kleinen Augen reagieren wahrscheinlich nur auf Bewegungen.

Bei der Jagd auf schnelle Tiere müssen Wolfsspinnen gut sehen können.

0   4 cm

Größe bis 4 cm

Beine
Alle Spinnen haben acht Beine mit vielen Gelenken. Winzige Sinneshaare nehmen Geschmack, Geruch und Bewegungen wahr.

DROHENDE HALTUNG

Spinnen leben nicht in Gruppen, sondern sind Einzelgänger. Wenn sich zwei männliche Spinnen begegnen, drohen sie sich gegenseitig oder beginnen zu kämpfen.

Augen
Wie die meisten Spinnen haben auch Wolfsspinnen acht Augen in drei Reihen.

Eine männliche russische Wolfsspinne droht anderen Spinnen mit erhobenen Beinen.

Eine Tarantel versteckt sich in ihrer Höhle.

Mundwerkzeuge
Spinnen packen mit ihren spitzen und gebogenen Kieferklauen zu. Sie sind mit Giftdrüsen verbunden.

STECKBRIEF

NAHRUNG
Wirbellose Tiere, vor allem Insekten und Spinnen

LEBENSRAUM
Fast alle Lebensräume an Land

IM HÖHLENVERSTECK

Einige Wolfsspinnen graben sich Höhlen und kleiden sie mit Seide aus. Aus diesem sicheren Versteck greifen sie Käfer an.

SPINNEN

Die achtbeinigen Spinnen scheiden aus ihrem Hinterleib Seidenfäden aus. Ihr Körper besteht aus zwei Teilen – Kopf und Hinterleib (Insekten haben einen dreigeteilten Körper). Die meisten Spinnen sind nachtaktive Jäger, die an Land leben. Neben den Spinnen gehören auch Skorpione und Zecken zu den Spinnentieren (Arachnida).

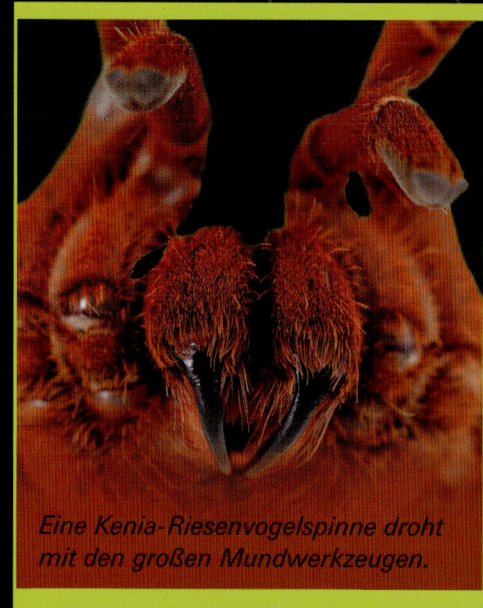

Eine Kenia-Riesenvogelspinne droht mit den großen Mundwerkzeugen.

DIE KENIA-RIESENVOGELSPINNE

Eine Kenia-Riesenvogelspinne kann bis 20 cm lang werden. Wenn sie bedroht wird, stellt sie sich auf die Hinterbeine, bewegt die Vorderbeine und droht mit den riesigen Mundwerkzeugen.

Getarnter Lauerjäger
Krabbenspinnen lauern oft auf Blüten mit hellen Farben. Die Spinnen können ihre Farbe anpassen, sodass sie perfekt getarnt sind.

Beute packen
Krabbenspinnen packen ihre Beute mit den beiden Vorderbeinen – sie sind länger und dünner als die hinteren Beine.

IM KREBSGANG

Krabbenspinnen bewegen sich oft wie eine Krabbe seitwärts – daher ihr Name. Sie lauern auf einer Blüte, bis ein Insekt kommt, um Nektar zu saugen. Mit ihrem starken Gift können sie Insekten töten, die viel größer sind als sie selbst.

VOGELSPINNEN

Eine Mexikanische Rotknie-Vogelspinne wird bis zu 8 cm lang. Die Weibchen können 20 Jahre und älter werden. Mit den Mundwerkzeugen spritzt die Spinne Gift in ihre Beute.

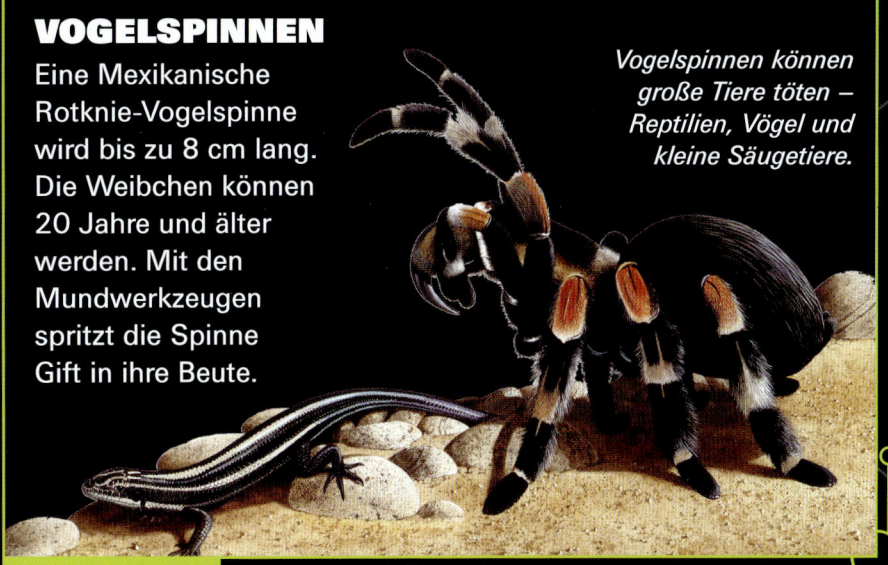

Vogelspinnen können große Tiere töten – Reptilien, Vögel und kleine Säugetiere.

BEUTE AUSSAUGEN

Krabbenspinnen spritzen eine Verdauungsflüssigkeit auf ihre Beute, die sie von innen auflöst. Die Spinne saugt die verflüssigten Teile des Beutetieres auf.

WANDERSPINNEN

Brasilianische Wanderspinnen haben riesige Giftdrüsen. Ihr Gift reicht aus, um über 200 Mäuse zu töten.

Sekunden nach dem Giftbiss der Wanderspinne stirbt die Heuschrecke.

GLOSSAR

AMPHIBIEN
Wechselwarme Tiere mit weicher Haut, die sowohl an Land als auch im Wasser leben und ihre Eier (Laich) im Wasser ablegen. Frösche und Kröten sind Amphibien.

AUSSENSKELETT
Ein harter Panzer, der ein Tier umgibt und es schützt. Insekten haben ein Außenskelett.

BEDROHTE TIERART
Eine Tierart, die vom Aussterben bedroht ist.

BEUTELTIERE
Säugetiere, deren Junge kaum entwickelt zur Welt kommen und im Beutel der Mutter heranwachsen.

BIOLUMINESZENZ
Licht, das von lebenden Organismen erzeugt wird. Glühwürmchen, Leuchtkäfer und viele Tiefseetiere erzeugen dieses Licht mit einer chemischen Reaktion in ihrem Körper.

ECHOORTUNG
Eine Methode, mit der sich Fledermäuse im Dunkeln orientieren, Hindernissen ausweichen und Beute aufspüren. Sie senden sehr hohe Töne aus und richten sich nach dem Echo.

ELYTREN
Harte Deckflügel von Käfern und anderen Insekten. Sie liegen schützend über den meist durchsichtigen Hinterflügeln.

FLEISCHFRESSER
Raubtiere, die andere Tiere jagen und sich von deren Fleisch ernähren.

FÜHLER
Dünne Fortsätze am Kopf von Gliederfüßern und einigen Meerestieren. Die Tiere können mit den Fühlern riechen, schmecken und tasten.

GIFT
Einige Tiergruppen, wie Schlangen und Spinnen, betäuben oder töten ihre Beute mit Gift. Andere Tiere benutzen Gift zur Selbstverteidigung. Das Gift in der Haut von Kröten ist für die meisten Tiere sehr giftig.

GLIEDERFÜSSER
Wirbellose Tiere mit einem Außenskelett und Beinen mit mehreren Gelenken. Insekten, Spinnen und Skorpione gehören zu den Gliederfüßern.

GREIFSCHWANZ
Affen, Grubenottern sowie Schuppentiere haben einen Greifschwanz, der ihnen Halt gibt, beispielsweise beim Klettern.

GREIFVÖGEL
Vögel wie Adler und Eulen, die andere Tiere jagen, werden Greifvögel genannt.

HUNDE (CANIDEN)
Zu dieser Familie von Raubtieren gehören Hunde, Wölfe, Füchse, Schakale und Kojoten.

INSEKTENFRESSER ODER INSEKTIVOREN
Tiere, die überwiegend von Insekten leben.

LAICH
Eier von Tieren, die im Wasser leben, wie Fische und Frösche.

LARVEN

Jungtiere von Fischen, Insekten und Amphibien. Häufig sehen Larven völlig anders aus als erwachsene Tiere.

LEBENDE FOSSILIEN

Tierarten, die noch fast genauso aussehen wie ihre fossilen Vorfahren. Krokodile und Alligatoren sind lebende Fossilien.

MARDER

Eine Familie von Raubtieren zu denen Dachse, Wiesel, Otter und Vielfraße gehören.

NACHTAKTIV

Tiere, die tagsüber schlafen und in der Nacht wach sind.

PEDIPALPEN

Zwei beinartige Auswüchse neben der Mundöffnung, mit denen Spinnen riechen und schmecken.

PUPPE

Stadium im Lebenszyklus von Insekten: In der festen Puppenhülle wandelt sich die Larve zum erwachsenen Tier um.

REPTILIEN

Eier legende Tiere mit schuppiger Haut. Reptilien sind wechselwarme Tiere, die ihre Körpertemperatur nicht konstant halten können. Krokodile, Schildkröten, Schlangen und Eidechsen sind Reptilien.

RÜSSEL

Verlängerter Teil der Mundwerkzeuge von Insekten, der wie ein Trinkhalm benutzt wird. Tag- und Nachtschmetterlinge können ihre Rüssel einrollen.

SÄUGETIERE

Warmblütige Tiere, die ihre Jungen mit Muttermilch füttern. Säugetiere haben gewöhnlich ein Fell oder Haare. Sie bringen lebende Junge zur Welt.

SCHUPPEN

Schützende Plättchen auf der Haut mancher Tiere. Fische haben Knochenschuppen, Reptilien und Vögel Hornschuppen (aus dem Eiweiß Keratin).

SPINNENTIERE (ARACHNIDEN)

Wirbellose Tiere mit acht Beinen. Dazu gehören Spinnen, Skorpione und Weberknechte. Fast alle Spinnentiere leben an Land.

TAGAKTIV

Tiere, die in der Nacht schlafen und tagsüber wach sind.

TARNUNG

Tiere, deren Farbe und Farbmuster mit dem Hintergrund verschmelzen, sind getarnt.

WINTERSCHLAF

Im Winterschlaf ist das Tier nicht mehr aktiv; alle seine Körperfunktionen laufen auf „Sparflamme".

WIRBELTIERE

Tiere mit einem Rückgrad. Fische, Amphibien, Reptilien, Vögel und Säugetiere sind Wirbeltiere.

WIRBELLOSE

Tiere ohne ein festes Rückgrad. Die meisten Tiergruppen gehören zu den Wirbellosen. Manche haben ein Außenskelett, andere haben weiche Körper.

REGISTER

Afrikanischer Wildhund 11

Aga-Kröte 42–43

Alligator 47

Amphibien 40–43

Augen, siehe Sehen

Augenfleck 67

Augenlid, drittes 41, 46

Beutel 36, 37, 38, 39

Beuteltiere 27, 36–39

Bewegungen wahrnehmen 6, 45, 63, 72

Bienen 16, 17

Biolumineszenz 56

Blinder Höhlensalmler 62–63

Blindheit 27, 43, 62–63

Brasilianische Wanderspinne 75

Buschbaby 6

Dachs 18

Dachsbau 18

Echoortung 29, 31

Eier 41, 44, 55, 57, 58, 64

Elytren 58

Erdwolf 26–27

Eulen 48–51

Eulenfalter 64–65

Falsche Vampire 28

Fänge 48, 49, 50, 51

Farbänderung 14–15, 19, 41

Federläuchtkäfer 56–57

Fennek 12–13

Fingertier 32–33

Fischeule 50

Fledermäuse 28–31

Fledermauskolonien 30

Fliegen 30, 48, 66

Flügel
- Eulen 51
- Fledermäuse 30–31
- Käfer 58
- Motten 64–67

Flügeldecken 58, 59

Flughunde 30–31

Frösche 40–41, 42

Fuchs 10, 12–15

Fühler 53, 59, 62, 63, 65, 66, 70, 71

Füße und Pfoten 13, 15, 16, 19, 21, 40, 51

Gavial 44–45

Gegliederte Körper 56–57, 70, 74

Geißelskorpione 70

Geruchssinn 6, 7, 9, 10, 25, 29, 30, 39, 53, 62, 63, 66

Geschmackssinn 62

Gift 42, 43, 61, 68, 71, 73, 75

Glühwürmchen 52–53, 60

Goldmull 27

Grille 7, 62

Großer Gabelschwanz 67

Großkatzen 20–23

Grubenotter 6–7

Haariger Wüstenskorpion 68–69

Hände 32, 35, 38

Herkuleskäfer 58–59

Höhlen 12, 13, 18, 25, 26, 27, 36, 37, 51, 73

Höhlenbewohner 30, 43, 60, 61, 62–63

Höhlengrillen 62

Höhlenkäfer 63

Höhlenkrebs 63

Honigdachs 16–17

Hören 6, 9, 12, 23, 27, 29, 32, 50, 64

Hufeisennase 31

Hunde 8–15

Hundefamilie 10–15

Iltis 18–19

Insektenfresser 26–27, 30, 31

Insektivoren, siehe Insektenfresser

Isabellaspinner 67

Jaguar 22

Japanischer Riesensalamander 42

Käfer 54–59, 63
- Horn 59

Käferlarve 58

Kaiman 46

Kängurus 38

Kanincheneule 51

Kaninchennasenbeutler 27

Karakal 23

Katzenmaki 34–35

Kaulquappen 41, 43

Kenia-Riesenvogelspinne 74

Kiemen 43

Kiwi 7

Koala 38–39

Kojote 10, 11

Krabbenspinnen 74–75

Krallen 16, 17, 19, 21, 25, 36, 37, 38, 68, 70

Krokodil 46–47

Kröten 42–43

Laich 41

Lanzenotter 7

Larven 54, 55, 57, 58, 60, 61, 64

Laubfrösche 40–41

Lemuren 34–35

Leopard 20–21
Leuchtkäfer 52–55
Leuchtorgane 52, 53, 54, 55, 56, 57, 60
Löwe 22–23

Mähnenwolf 10–11
Maikäfer 59
Marderfamilie 16–19
Metamorphose 42
Mexikanische Rotknie-Vogelspinne 75

Nachtfalter 64–69
Nase, siehe Geruchssinn
Nest 33, 34, 44, 51, 71
Netze und Fallen 61, 73
Nilkrokodil 47

Opossum 38

Pampasfuchs 14
Panther 20
Pedipalpen 70
Polarfuchs 14–15
Primaten 32–35
Pseudoskorpione 71
Puppe 55, 60, 61

Raupen 64, 67
Reptilien 6–7, 44–47
Riesenotter 18
Rotaugenlaubfrosch 40–41
Rothund 10
Rudel 9, 10, 11
- Jagen im Rudel 22
Rüssel 66

Salamander 42, 43
Saugnäpfe 40
Schädel 15, 16, 47
Schakal 11
Schlangen 6, 7
Schleiereule 48–49
Schmetterlinge 64, 65, 66
Schnee-Eule 50–51
Schneeleopard 21
Schnurrhaare 21
Schuppen 6, 24–25, 45
Schuppentier 24–25
Schwanz und Balance 20, 22, 33
- buschiger Schwanz 14, 26
- Fettspeicher 35
- Greifschwanz 24
- peitschenartiger Schwanz 71
- Schwanzstachel 68
Schwärmer 66
Schwarzkäfer 59
Schweben 48, 66
Sehen und Augen
- Buschbabys 6
- Eulen 49, 50
- Füchse 13
- Höhlenbewohner 62
- Katze 6, 22
- Krokodil 46, 47
- Laubfrösche 40
- Wolfsspinne 72, 73
Seidenfäden 60, 61, 71, 73, 74
Seitenlinienorgan 63
Selbstverteidigung
- Aussehen 11, 17, 27, 40, 59, 67, 73, 74

- Gift 43
- Leuchtorgane 55, 56, 57
- Säure zur 70, 71
- Stachel 68
- Stinkende Duftstoffe 18, 38, 59
- Tot spielen 38
- Zusammenrollen 24
- siehe auch Tarnung
Sibirischer Tiger 23
Skorpione 68–71, 74
Spinnen 70, 71, 72–75
Spinnentiere 68–75

Tamandua 26
Tarnung 14–15, 19, 50–51, 64, 72, 74
Tasmanischer Teufel 39
Tastsinn 63
Termiten 26, 27
Tiger 23
Trauermücken 60–61

Ultraviolettes Licht 68
Unterirdische Gänge 18

Vampirfledermäuse 28–29
Vari 34
Verdauungssaft 75
Vielfraß 18
Virginia-Opossum 38
Vogelspinnen 75
Vorratsspeicher 20, 35

Wärmesinn 7, 28
Wasser ausscheiden 29
Weberknecht 70
Weihnachtskäfer 58
Weinschwärmer 66

Wiesel 19
Wieselmaki 35
Winterschlaf 35
Wölfe 8–11
Wolfsspinnen 72–73
Wollmaki 35
Wombats 36–39
Wüste, Leben in der 12–13, 27
Wüstengoldmull 27

Zähne
- Fingertier 32
- Fuchs 15
- Honigdachs 16, 17
- Krokodil 45, 47
- Schuppentiere 24
- Spinnen (Mundwerkzeuge) 73, 74
- Tasmanischer Teufel 39
- Vampirfledermaus 29
- Wombat 36
Zunge 6, 24, 29, 40

BILDNACHWEISE

(o=oben, u=unten, l=links, r=rechts, M=Mitte, T=Titelbild)